身体语言密码

识破人心识别人性，在交往中取得主导权

滕龙江◎著

图书在版编目（CIP）数据

身体语言密码 / 滕龙江著. -- 北京：华文出版社，2018.3

ISBN 978-7-5075-4869-3

Ⅰ.①身… Ⅱ.①滕… Ⅲ.①身势语—通俗读物 Ⅳ.①H026.3-49

中国版本图书馆CIP数据核字（2018）第033694号

身体语言密码

著　　者：	滕龙江
出版策划：	李金水　蔡荣建
责任编辑：	胡慧华　郝一鬲
出版发行：	华文出版社
社　　址：	北京市西城区广外大街305号8区2号楼
邮政编码：	100055
网　　址：	http://www.hwcbs.com.cn
电　　话：	总 编 室 010-58336239　发 行 部 010-58336267　58336238
	责任编辑 010-58336197
经　　销：	新华书店
印　　刷：	保定市西城胶印有限公司
开　　本：	880×1280　1/32
印　　张：	7
字　　数：	140千字
版　　次：	2018年5月第1版
印　　次：	2018年5月第1次印刷
书　　号：	ISBN 978-7-5075-4869-3
定　　价：	29.00元

版权所有　侵权必究

前言
Preface

　　身体语言，是指人们在日常生活中通过身体某些部位的表情、姿态、动作、生理反应以及衣饰等，透露出自身的心理信息，这些信息包括意念、看法、态度，也涵盖了生活中的诸多感觉和情绪。

　　相关的心理学研究结果表明，从人们获取信息的渠道来看，只有11%的信息是通过听觉获得的，83%通过视觉获得，另有6%通过嗅觉、触觉等获得；而精妙地表达一个信息应该是7%的语言+38%的声音+55%的表情和动作。可见，缺乏身体语言的交流不仅丧失了大部分沟通情感、传递信息的渠道，而且会给人以平淡拘谨、毫无生气、沉闷呆板的印象。

　　甚至可以这样说，话语的主要作用是传递信息，而身体语言则更上一层楼，它通常被用来进行人与人之间思想的沟通和谈判。在某些情况下，身体语言甚至可以取代话语的位置，自成一体地发挥传播交际信息的功效。已故美国著名记者约翰·根室在《回忆罗斯福》一书中写道："在短短的二十分钟里，他的表情从好奇、吃惊到关切、担心、同情，再到坚定、庄严，具有绝伦的魅力，但他却只字未说。"

　　著名的心理学家、精神分析学派创始人弗洛伊德曾这样说过："任何人都无法保守他内心的秘密。即使他的嘴巴保持沉默，但他的指尖却在喋喋不休，甚至他的每个毛孔都会背叛他！"从某种角度来说，此言可谓淋漓尽致地道出了身体语言在人与人的交流中所发挥出的不可小觑的力量。

因此，学习解读、破译他人的身体语言密码不仅能够让我们更加准确地明白他人心思、意志以及控制和操纵事物的方法，而且还能让我们更加关心和在乎他人的感受和情绪，从而无论是随机应变还是自我改善，都将对我们的沟通、交际等能力和效果产生非常积极的影响。

学会读懂和使用身体语言，是一门人生的必修课，是洞悉先机、掌控全局的成功保证。为此，我们精心推出这本《身体语言密码》。本书循序渐进、丝丝入扣地对身体语言的丰富表现形态、深刻内涵及其广泛运用进行了全面而深入的解读，为你破译身体语言的种种密码，带你走进人类潜意识的最深处，从而帮你看穿他人的真实意图，窥破人际关系的奥妙，掌握和运用比说话更高效的沟通技巧。

本书将身体语言的各种组成部分分门别类，逐一分析，并尽量用简单易懂的语言将其描述出来，使每个读者都能明白其中的规律和道理。当然，我们也将极少数与众不同、意义独特的身体语言表现形式单独列出，并进行专门的分析，从而使得本书不仅全面细致而又深入浅出，既有难点却又不乏乐趣。

此外，它不仅是一本针对销售人员、管理者、谈判代表以及公关人员所写的类似于工作手册性质的专业书籍，同时，它还是一本可以应用于日常生活各个方面的书籍。无论是在家中，还是在工作场所，你皆可以尽情施展，这本书会让你在职场、情场、商场无往不利，识人、观相、察心无所不能！

目录
Contents

第一章 意在言外——身体"说"出最真实的你

你"听"到身体语言了吗 / 002

身体语言是如何传递信息的 / 004

身体语言"说"出最真实的你 / 007

扑克牌高手的常胜秘诀 / 009

身体语言与身体动作 / 011

解读身体语言的三大规则 / 014

第二章 百变表情——七十二般语言变幻无常

人心写在脸上 / 020

捕捉百变表情后的真实语言 / 022

眼神——灵魂的镜子 / 024

头部动作的态度寓意 / 026

才下眉头,却上心头 / 030

"承上启下"的鼻子表情 / 033

嘴唇上刻画的丰富表情 / 036

表情有无皆有深意 / 039

第三章　魔力微笑——世界通用的神奇语言

微笑是一座沟通的桥梁 / 042

多少性格"笑"出来 / 044

透析各种常见的笑 / 045

看你假笑到几时 / 048

微笑的魔力有多大 / 050

开怀大笑是最好的良药 / 052

送给女性的微笑建议 / 054

发挥微笑的神奇功效 / 056

第四章　巧手能"言"——千言万语尽在手中

能说会道的"多情"之手 / 060

十指葱葱有"密语" / 061

指尖上的语言"舞蹈" / 065

手指交叉意味着什么 / 066

翻手为云，覆手为雨 / 068

手势中挥舞的语言信号 / 071

巧搓手说巧语 / 076

摩拳擦掌，必有下文 / 078

握出对方的心思与情意 / 079

权力尽在"掌"握 / 082

手臂动作隐藏的语言密码 / 085

第五章　腿脚会说话——腿脚是如何泄漏内心秘密的

腿部泄露的秘密 / 090

腿脚是如何"说"真话的 / 091

拍腿、扳腿、摸腿的含义 / 093

双腿从交叉到分开的玄机 / 094

腿在抖，心也在"抖" / 096

心有所思，脚尖有所向 / 098

哪里"逃"？脚尖告诉你 / 099

锁脚，为心加把"锁" / 101

第六章　真相藏在姿势里——典型姿势语言全揭秘

步伐急促的走姿 / 104

步伐平缓的走姿 / 105

步伐方正的走姿 / 106

步伐散碎的走姿 / 108

左腿交叠右腿的坐姿 / 109

右腿交叠左腿的坐姿 / 110

两腿并拢手放腿侧的坐姿 / 111

两腿分开两脚并拢的坐姿 / 112

两腿分开两手放开的坐姿 / 113

标准立正的站姿 / 114

双手叉腰的站姿 / 115

双脚站立左手插兜的站姿 / 116

两脚并拢手放身后的站姿 / 117

两脚平行手抱胸前的站姿 / 118

双脚站立手放腹前的站姿 / 119

第七章 小习惯大秘密——小心习惯动作出卖了你

细察习惯，识破人心 / 122

七大吃相，你是哪一相 / 124

喝酒十态，你属于哪一态 / 126

十五种类型的吸烟者 / 128

驾车习惯展现个人脾性 / 132

打电话小习惯中的秘密 / 135

浓妆淡抹女人心 / 136

小心！下意识动作会出卖你 / 139

第八章 身随心动，妙不可言——空间位置中的语言玄机

不可擅闯的私人领地 / 144

"正中间法则" / 146

不得不忍受的"零距离" / 148

公共空间里的"集体伪装" / 149

"高"者生存吗 / 151

高度与身份之间的比例奥妙 / 153

小技巧让你"高人一等" / 156

身体角度大有玄机 / 158

亲密的0°谈话 / 160

45°——最融洽的谈话角度 / 162

第九章　看谁在撒谎——你在撒谎身体却在坦白

识破谎言有迹可循 / 166

嘴在说谎，身体在坦白 / 167

假装的愤怒和心虚的脸红 / 170

眼神透露的撒谎信号 / 172

捂嘴——此地无银三百两 / 173

克林顿为什么频频摸鼻子 / 175

通行全球的手掌行骗术 / 177

坐立不安的说谎者 / 180

细节中呈现说谎的蛛丝马迹 / 181

第十章　身体语言，男女有别——两性中的身体语言

女人最具吸引力的部位 / 186

男人哪里最能让女人着迷 / 189

突出性别差异的秘诀 / 192

男女"放电"各有信号 / 194

六大信号表明他喜欢你 / 196

这样做，表示她对你有意思了 / 197

异性吸引"五步走" / 201

第一次亲密接触 / 203

亲吻——两性心灵的交汇 / 205

男女有别，示爱有异 / 208

结语　破译身体语言，掌控人生局势

第一章
意在言外——身体"说"出最真实的你

你真的了解自己的身体吗?有头有脸?有手有脚?其实更靠谱的回答是类似这样子的:"眼睛是心灵的窗户。"没错儿,我们并不是在研究身体构造,而是在探讨一个更有意味的主题——身体语言。或许你会开始疑惑:身体怎么会有语言、会说话呢?其实,毫无疑问,我们的身体具备这种神奇而实用的能力,只是平时人们疏于观察、运用罢了。

你"听"到身体语言了吗

早在一百万年前,口语还未出现时,身体语言就曾在人类生活中起着举足轻重的作用,无论是合力捕捉猎物、母亲哺育婴儿,还是传授生火经验,人类都是通过身体语言实现交流的。即使在口语诞生后,身体语言依旧在生活中扮演着重要角色。身处陌生的非洲大草原,在不懂任何当地语言的情况下,人们完全可以通过身体语言得到当地居民的帮助。同时,利用身体语言传达信息不仅便捷,而且信息量丰富,相当于有声语言的数倍。

而先辈们也早就意识到了这一点。战国时期著名思想家孟子曾有言:"征于色,发于声,而后喻。"就是告诉我们,语言要表现在神态上,表达在言辞中,才能被人理解。孟子自己就是一位长于辩论的人,他从大量的口语交际实践中发现,有声语言的不足,需要用神态去补充,这样才能更好地达到交际的目的。

由于人类的动作、表情是本能性的,每个人平时说话都会不知不觉地做出某些表情、动作,所以人们说话时变化的目光、或喜或怒的神态、举手投足的动作……经常同所表达的内容息息相关,同时也反映出说话人的修养水平。事实上,你同

第一章 意在言外——身体"说"出最真实的你

一个人见面时,虽尚未正式开口说话,但交际活动已然开始了。双方的眼神、表情、动作等,都在传递着各种各样的信息。因此,在社会交往中,每个人在实施其影响的过程中,针对不同的对象、场合等情况,都必须给这种无声的身体语言以应有的位置。如果在说话时能够恰到好处地运用身体语言,不仅能够使重点突出,且形象生动,还丰富了感情,因而更具吸引力和感染力,交际的效果会比单纯凭借有声语言好得多。众所周知,电视的宣传效果比起电台广播更突出、更明显,其中一个重要的原因就在于:电视节目同时作用于人的视觉和听觉,而电台广播却只作用于人的听觉。

艾伯特·梅拉比安研究发现,一条信息的传达,只有7%靠语言,38%靠声音,55%靠身体语言。后来的研究者也有类似的结论,雷伯德·惠斯特尔估计,人类平均每天实际使用语言的时间大约是10~11分钟,平均每句话只用2.5秒钟。也就是说,人们每天面对面交谈的时间不到35%,大部分时间都是利用身体语言交流的。

曾经有专家对发生于二十世纪七八十年代的上千次销售和谈判过程展开了详细的研究,其结果表明,商务会谈中谈判桌上60%~80%的决定都是在身体语言的影响下做出的。同时,人们在对一个陌生人的最初评判中,60%~80%的评判观点都是在最初不到4分钟的时间里就已经形成了。

除此之外,研究成果还指出,当谈判通过电话来进行的时候，那些善辩的人往往会成为最终的赢家，可是如果谈判是以面对面交流的形式来开展的话，那么，情况就大为不同了。因为，总体而言，当我们做决定的时候，在所见到的情形与所听到的话语中，我们会更加倾向于依赖前者。

实际上，人的身体语言并不神秘。在日常生活中，有许多身体语言是我们大家所熟知的，其表现我们都不陌生，只是没认真想过罢了。其实，身体语言就在我们生活和日常活动当中，并且是一种人人都能"读"懂的、最大众化的语言。

身体语言是如何传递信息的

近代以来，人类几乎将所有的目光都投向了有声语言，因此，几乎所有的人都渴望自己能成为一名健谈的人。在任何一次面对面的谈话中，大部分的信息都是通过身体语言来进行交流的。但是，绝大多数人却经常会忽视身体语言以及它们的作用和影响。

常言道："身体语言是世界上共同的语言。"它甚至可以替代有声语言直接发挥传播交际信息的作用。已故美国著名记者约翰·根室在《回忆罗斯福》一书中写道："在短短的20分钟里，他的表情从好奇、吃惊到关切、担心、同情再到坚定、庄严，具有绝伦的魅力，但他却只字未说。"

心理学家的研究结果表明，从人们获取信息的渠道来看，只有11%的信息是通过听觉获得的，83%通过视觉获得，另有6%通过嗅觉、触觉等获得；而精妙地表达一个信息应该是7%的语言+38%的声音+55%的表情和动作。可见，缺乏身体语言表达的交流不仅丧失了大部分沟通情感、传递信息的渠道，也会给他人以平淡拘谨、毫无生气的呆板印象。

身体语言是一种体现个人情感的外在表现形式。它通过眼神、面部肌肉运动、手势等诸多无声的体态语言将有声的语言形象化、生动化，以达到先"声"夺人、耐人寻味的效果。它能充分弥补语言表达的不足，并可帮助说话人深刻、准确地把握言事意旨，有效防止因语言表达的空泛而带来的误解。特别是人类在"词不达意""只可意会不可言传"的情况下，身体语言就能发挥其独特的作用，圆满表达情意，达到"此时无声胜有声"的境界。

在长辈直言斥责晚辈时附以爱抚、安慰和慈爱的眼神，会叫人心悦诚服；在妻子需要袖手旁观的丈夫做家务帮手时，伴有一个亲昵、温柔的举动，会让丈夫饶有兴趣地来参与；在向下属吩咐工作时附上一个善解人意的微笑，则能令下属心情舒畅，潜心攻关……如此等等。灵活有效地使用身体语言，给稍显平淡乏味的语言润色，就会避免因语言不详、不当而导致的言语沟通中的麻烦与障碍。

即便只是一个小小的手势或动作，都有可能成为我们透视他人情感、情绪的关键线索。例如，一个感到害怕或处于防御状态下的人会双臂环抱，或摆出一个双腿交叉的姿势，又或者会同时做出上述两种动作；一个认为自己大腿变粗了的女人则会不断整理下装，尽量使自己的裙子保持一种平滑下垂的状态；一个知道自己长胖了的男人可能会用力地拉扯他下巴处褶皱的皮肤；当一个男人与一个丰满的女人交谈时，他会刻意地避免直视对方的胸部，而与此同时，他的双手则会下意识地做一些小动作。

而解读他人身体语言的关键就在于你是否能够一边倾听对方的谈话，一边观察他说此话时的语言环境，从而了解他的内心情感。这种能力不仅可以让你看到虚构的小说中的现实情节，也可以帮助你认清楚幻想中的现实成分。

柯南道尔笔下的神探福尔摩斯就是一位解析身体语言密码的高手。"在没有得到任何证据的情况下是不能进行推理的，那样的话，只能是误入歧途。"这是福尔摩斯侦探的名言。他的神奇之处就在于，他可以凭借指甲、外套的袖子、脚上的靴子，乃至膝盖处的褶皱、食指和拇指上的老茧、面部表情和种种行为等来判断人的内心活动。

"如果在得到所有这些信息的情况下依然无法对这些信息的主人作出准确的判断，我认为，这一定是天方夜谭。"福尔摩斯如是说。为什么他有如此大的信心呢？因为他十分清楚人的身体语言密码所拥有的巨大力量。犯罪嫌疑人可以编造

第一章 意在言外——身体"说"出最真实的你

出种种口头的谎言,却没有办法控制他的身体语言。不经意中,他就会把内心的秘密泄露在一个眼神中,或者一个看似没有深意的手势里。与一般人相比,福尔摩斯的优势就在于,他懂得从人的身体语言来分辨对方是否在说谎,同时又可以从这些信号里知道对方的真实想法。

身体语言"说"出最真实的你

语言是人类沟通感情、交流思想的工具。一般认为,口头语言是人际沟通的唯一途径,被公认为是最直接的交流,在与他人沟通中发挥着重大的作用。然而,许多人却忽略了口头语言并非"百分百"准确,并不能将我们内心的真实想法一一展露,甚至很多时候它都会"蛊惑人心"。

因为对于语言系统本身而言,这套符号系统若要传播人们内心的想法,首先要进行编码,把思想转换为语言符号。当信息传递给别人时,他人在领会意义时又要进行解码,也就是把语言符号重新转化为思想。但由于存在个人表达和他人理解的偏差,往往就容易让接受者在信息接收上产生与本意有异的现象。且人类的语言产生于劳动之中,并在千年的累积下逐渐成形。可见,语言并非是一种天赋,而是在成长过程中经过后天学习才掌握的技能,所以必然有人掌握得好,有人掌握得差，这就会在交流中产生不平衡。

此外，人们还能够通过逻辑思维任意修饰自己的语言，更不能排除有些人会刻意歪曲自己内心的真实想法，这就导致了谎言的产生。在很多情况下，人们在说话时，会出于一定目的隐藏自己的本意。无论是基于什么原因，这些都会对沟通和交流的效果产生很大影响，交流的时间被浪费，语言传递信息的作用被削弱。

那么，我们能够在自己的身体语言上做手脚吗？通常情况下来说，这个问题的答案都是否定的。因为，假如我们对身体语言弄虚作假，那么在同一时间发生的主要身体动作和面部表情、身体细节所传递的微信号以及我们的话语，这三者之间必定是无法达成一致的。

例如，摊开的手掌通常被认为是诚实的标志，但是当作假者对你说了谎，虽然他面带微笑，而且向你摊开了手掌，但是一些细微的身体动作和表情却会让他的谎言不攻自破。他的瞳孔可能会变小，他可能会扬起左边或右边的眉毛，而他嘴角的肌肉则可能因为紧张而略微有些抽搐。所有这些信号所传达的信息都与摊开的手掌和真诚的微笑代表的含义相悖。结果，他的谈话对象，特别是女人，通常都不会相信他的话。更有意思的是，相比较而言，两性中，男人更容易被虚假的肢体语言所蒙蔽，而女人解读肢体语言的能力比男人更胜一筹。

这些"无声的语言"，利用各种身体符号体现出来。

此时，人们虽可以在有声语言上伪装自己，但身体语言却能"出卖"他们的心境。因此，身体语言不但成为破译人们体语的密码，而且成为人们准确地认识自己和他人的一种工具。

由此我们不难得出一个结论：在一个解读身体语言的高手面前，一个人其实并没有秘密可言。因为我们的大脑还不具有可以控制我们身体的每一个毛孔的强大能力。你的一言一行、一举一动、一笑一颦，已经把你出卖了，让你根本没有秘密可言。

扑克牌高手的常胜秘诀

扑克牌诞生至今已有数百年历史，虽然扑克的游戏方法千差万别。但是作为一种游戏，成为一名扑克高手的首要本领，就是要判断出对方手中究竟掌握着怎样一副牌，然后根据对方手中的牌，决定自己出牌的对策和顺序。

在牌桌上，我们无法知道对方手中的牌，对方也不知道我们手里究竟拿着什么样的牌。我们估计对方牌的信息的办法，除了技术上的，还可以依靠解读对方的身体语言所传达出来的信息。所以，游戏的双方就需要不断地掩饰自己真实的想法，尽可能地控制自己信息的泄漏，让自己的身体尽量减少信息的散发，同时还要不断地观察对方，从对方的刹那表情、不经意的动作中找到推断对方手中牌的信息的蛛丝马迹。

在这个过程中，我们还会不断地诱导对方，而与此同时，对方在小心判断你行为真假的过程中，也在绞尽脑汁地想让你误入他的陷阱。

一个好的扑克牌高手会在和对方的较量中不断地完善自己的判断，当他完全掌握你的身体语言对应的密码的时候，他就会完全将你打败。比方说，一个玩家会经常舔自己的嘴唇，这个动作代表了三个方面的内心想法：一是缺乏安全感的表现，有可能代表他手中的牌比较差，让他感觉到担忧；二是一种期待的心理表现，就好像是我们正面对一桌丰盛晚宴之前的表现，代表对方已经抓到了一手好牌，而你已经被他幻想成了可以"宰割"的猎物；最后一种可能是他正在思考的一种表现。

一开始，一个扑克牌高手可能对这个动作拿不定主意，但是他会敏锐地注意到这个动作。几轮过后，他就可以清晰地知道，对方在做这个小动作的时候内心的真实想法了，从而将计就计，战胜对方。

类似需要观察的动作还有很多，包括对方的握牌方式、眼神，甚至还包括对方喉咙中发出的哼唧、叹息，对方玩弄眼镜、香烟、打火机的动作等。这些微小的身体语言密码，经过扑克牌高手的分析，就会成为他们战胜对方的秘诀。

也许你对打扑克根本不感兴趣，但类似于在牌桌上发生的事情其实我们也常会遇到，在与人相处的过程中，我们就是

第一章　意在言外——身体"说"出最真实的你

在不断掩饰真实的自我,而伪装一个需要展现在对方面前的形象,以达到自己的目的。仔细看看为了生意唇枪舌剑的谈判双方,他们不就好像是两个牌手一样,在不断地向对方出牌吗?

身体语言与身体动作

在人类几千年的进化历程中,我们已经习惯了有意无意地将自己作为观察的对象,借助身体移动、面部表情、姿势、手势以及与其他谈话人的位置或距离等变化,来进行信息沟通,进而获得关于自己和同胞们的身体语言知识。而在这一分析过程中,为了能精确到位地解读出每个动作的丰富内涵,首先就必须了解构成身体语言的基础。

就好像我们平时说话的基础是声带发出的声音一样,身体语言表达的基础是身体的动作。我们的身体无时无刻不在运动,从而产生各种各样的动作。这些动作既包括明显的,如挥手、移动;也有很多是微小、不易被发现的,如心脏跳动的加速、指尖的晃动,等等。

科学家对数以万计的人的动作进行分析、统计和归纳之后,将人体的动作分为四大类——避害类动作、身体恢复类动作、特殊象征类动作和亲密型动作。

1. 避害类动作

顾名思义，这种动作就是当我们遇到危险时，用来逃避危险的动作。但是需要解释的是，在身体语言的范畴中所说的危险往往是指生物性危险。我们所说的避害类动作，诸如对噪音感到不耐烦时用手掩耳、光线过强时用手遮眼、气味过烈时用手捂鼻等动作，都是一种生物性的行为，目的是为了挡住外界的强烈刺激损害我们的身体。对类似这种避害类动作的延伸就可以让我们理解动作背后的含义，当内心万分痛苦而哭泣时，用手捂着脸的动作也属这一范畴之中，这是一种企图掩饰性的姿态。

2. 身体恢复类动作

这种动作是为了让我们的身体恢复到原来状态的一种动作。最具代表性的就是挠痒，用手做出抓、擦、摸等动作，正是为了让身体回到原来不痒的状态而做出的恢复性动作。这些动作有时也会变成我们解读身体语言的线索，当我们脱离本来的目的，陷入情绪混乱或紧张状态时，往往会做出类似整理头部的神经质行为。男性方面在做出抓头动作兼有面带愠色和喘气的现象时，我们可以视为不满、困惑、害羞、痛苦等心理的直接反应。

3. 特殊象征类动作

为了强调正在思考，用手指或笔咚咚咚地敲头，用手掌贴着头部不动等动作，就属于这一范畴之中。在痛苦或思考中两手抱头,也是这种特殊象征类动作。

4.自我安慰性动作

这类接触的目的,是为了获得精神上的安定,是下意识所形成的心理作用造成的。在这一类的头部接触中,我们最常做出的动作就是逃过一劫后快速地拍打自己的胸口,这个动作并非是胸部不舒服,而是为了安抚刚才因为紧张而快速跳动的心脏。

除了这种快速拍胸口的动作之外,还有一种并拢中间三指或四指,手背朝外,轻轻拍打额头的动作。这种动作大致上可看做是腼腆、困惑心理的表现。其动机在于试图通过紧贴额头的动作,去克服精神上的不平衡。

拍打胸口是为了安抚紧张情绪

这四种动作就好像是我们说话中的词组和语段一样,有着不同的含义,代表了不同的心理动机。通过对这些身体动作内在含义的解读,可以获知我们想要的信息。

解读身体语言的三大规则

毫无疑问,身体语言的运用不是短时间内便能够掌握的,而在运用身体语言之前,应该懂得如何解读身体语言。只有懂得解读身体语言的密码,才能够对他人心理洞若观火。

至于解读和剖析身体语言的能力,与其说是天分,不如说是日积月累观察和学习的结果。因此,任何人都不应当忽略将身体语言当做一种科学学习的过程。即使一个简单的动作,在不同的文化或者环境里,也会产生千差万别的含义。下面我们将介绍几项基本规则,它们对人们解读和剖析身体语言有着极为重要的意义。如果轻视、不遵循这些规则,那在身体语言的互动中,我们很有可能张冠李戴或是一无所获。

首先,解读身体语言要有连贯的理解。这不仅包括前后相关动作的联系,还包括表情与动作的关联。

其实,和说话一样,身体语言也有词组、句子和标点之分,每一个表情或动作就好比一个单词,而每一个单词的含义都不是唯一的。为了能更准确地解读,人们应把词语放到句子里,配合其他词语一起理解,如此才能彻底弄清楚整体的具体含义。所以,在获取身体语言的真实信息之前,每个人都需要连贯地观察他人的身体语言。

但在现实生活中,人们解读身体语言时经常会犯的一个致命的错误,就是将每个表情动作孤立起来,在忽视其他相联系的表情、动作以及大环境的情况下,片面地、支离破碎地去解读他人的身体语言。尤其是初学者,更易犯此错误。例如,挠头所表示的含义有很多,比如说尴尬、不确定、去头屑、头痒、健忘或者撒谎等;又比如用手触摸嘴唇,也有可能表示撒谎、不确定等意思。那么,其具体含义应当取决于同时发生的其他表情和动作。

那些以"句子"的形式出现的动作或表情被称为身体语言群,就好比我们如果想说一句话,就至少需要用三个词语才能清楚地表达出说话的目的。因此,在解读身体语言时,我们万不可孤立地去看某个动作或表情,而要充分认识到在此过程中,综合、连贯地理解方式的必要性与重要性。如果一个人能够读懂无声的身体语言长句,并且准确地将它们用有声的话语表达出来,那么,其"感知力"一定很强,或者说其"直觉"一定很灵敏。

其次,要注意观察对方的身体语言与其口头语言表意的一致性,这样才能更准确地理解身体语言的内在含义,更有利于分析传递信息的真实性。当两方面信息完全一致时,那就可以判定这个人的话是真实的。

如果你是一名演讲者,在某次演讲中你邀请某位听众上台来发表他对你演说内容的意见,而他回答说并不赞同你的观点。但是,假如他口头上表示赞同你的话,而他通过身体语言所传递的信息却并非如此,那么,他就很有可能是在撒谎,你就能发现此人的心口不一。

举个例子，某位站在演讲台上的政治家信心十足地向观众们说："我尊重年轻人的意见，一定会虚心接受他们的建议的。"与此同时，他却将自己的双臂环抱于胸前（防御的信号），并且下巴微沉（批判、充满敌意的象征），那么，你还会相信他的说辞吗？很显然，这位政治家的身体语言和他所说的有声语言是相矛盾的。

无独有偶，西格蒙德·弗洛伊德也曾遇到过一个案例。案例中，一位病人绘声绘色地告诉他，自己的婚姻生活是如何的幸福。但在谈话过程中，弗洛伊德却注意到这位病人下意识地不断将她的结婚戒指取下，然后又戴上，而他很清楚这一小动作意味着什么：她对自己的婚姻并不满意，也不珍惜。所以，之后当有消息传来，说这位病人的婚姻出现问题时，弗洛伊德丝毫不感到惊讶，因为一切都在他意料之中。

连贯地观察身体语言群组、注意身体语言与有声话语的一致性，就宛如两把金钥匙，能够协同帮助我们解开身体语言密码，从而正确地解读出无声语言背后的真正含义。

再次，准确解读身体语言，还要注意结合具体的环境背景，即"语境"来考察。

同口头语言一样，人们的所有动作和表情都是发生在具体环境之中，具备一定背景的，而相同的身体与语言置于不同的环境背景之下，其表意亦是有所区别的，有时甚至大相径庭。例如，在寒冷的冬天，你看到某个人走在路上，并摩擦双手，这时你应当想到，他并不是在表达一种期待的感情，而可能是因为他很冷。如果换一个地点，在办公室里，你的合伙人提出一个议案，他表现这个动作，则表明他对这个提议非常感兴趣，并愿意积极地去执行。所以，结合具体的环境去解读身体语言才能获得更加准确的判断。

以上三条，可谓解读身体语言的基本规则，也是破译身体语言的三把钥匙，只有注意运用，对身体语言的解读才能无往而不利。当然，在解读身体语言之前所进行的细致、全面、具体而微的观察，更是不可或缺的。

第二章
百变表情——七十二般语言变幻无常

表情是人的身体语言中最丰富的部分，人的一眨眼、一颦一笑、一点头、一咧嘴……无不透露着人生的喜、怒、哀、乐。

西方哲学家狄德罗曾说："一个人，他心灵的每一个活动都表现在他的脸上，刻画得非常清晰和明显。"这句话提示了人类表情的重要性。仔细观察一个人的表情，可以探听出其心灵深处的话语。

人心写在脸上

　　脸是心灵的镜子，是一个人"情绪的投射"。有人把面孔比喻为一个人情绪变化的"晴雨表"，这是因为人的面部具有异常丰富的表情，正如法国作家罗曼·罗兰说："面部表情是多少世纪培养成的语言，是比嘴里说的更复杂千百倍的语言。"

　　生物学家达尔文在《人类与动物的表情》一书中指出："现代人类的表情、动作是人类祖先遗传下来的，因而人类的原始表情具有全人类性、普遍性。"正因为面部表情具有生物和社会意义，人们也就不自觉地运用它们来表达自己的思想情感。面部表情作为一种"无师自通"的本能，其他社会成员也可以读出这种特殊的"语言"。

　　复杂的生理机制决定了人的面部表情。首先是肌肉的扩张与收缩，如愉快时，面部肌肉横向拉动，面孔显得短而圆；生气时，面部肌肉纵向延伸，面孔拉得"像个马脸"。据研究，人的面部有七十二对肌肉，可以进行上千种组合。然后就是脸面纹路的横竖、深浅与弯曲，如人笑起来，脸上的纹路呈现较多的曲线。会心的笑，左右两边纹路的深浅是对称的；而那种皮笑肉不笑的人，笑起来却可以看出左右两边纹路的深浅是有差异的。

第二章　百变表情——七十二般语言变幻无常

愉快时面部显得短而圆　　生气时面部显得长而窄

面部肌肉颜色的变化也影响到了人的面部表情，如高兴时面色红润，失意时面色蜡黄，恐惧时脸色灰白，羞愧时面红耳赤等。人脸面部光泽的变化也会影响面部表情，如春风得意时光彩照人，倒霉时晦气阴暗等，正因为面部有这些生理变化，才可以让人们"察颜观色"，了解他的内心世界，看出他复杂的内心。

创立了原子论的古希腊哲学家德谟克利特，被后人誉为唯物论的鼻祖。有一天，德谟克利特在街上偶然遇见一位熟识的姑娘，德谟克利特和她打了一声招呼："姑娘，你好！"

第二天，德谟克利特再一次碰到与昨天同样打扮的那位姑娘时，却这样招呼道："这……这……太太，你好！"一语道破之后，他便转身离去。

一夜之间成为"太太"的那位姑娘被德谟克利特看穿时，脸上恐怕要涌上害羞的潮红了。那么，德谟克利特是如何

看穿那位姑娘"一夜之间变成太太"的呢?这是他仔细观察那位姑娘的脸色、眼睛的活动情况、面部表情及走路的姿态等一系列举止的结果。

这个故事告诉我们:在高明的人看来,每个人的脸上都挂着一张反映自己肉体和精神状况的明细表,能够反映出每个人的性格,因而通过脸来判断人的性格是切实可行的。

面部表情能够传达复杂而微妙的信息,让你洞穿对方心理。

捕捉百变表情后的真实语言

每个人都有一副独特而不容混淆的脸相,即使双胞胎也不例外。因此人们相见时,给人印象最深的就是脸。从这张脸上,大致能反应出年龄、性别、种族烙印,但人物更深刻的心理活动,就需要通过仔细观察他的表情来获得了。

因为表情是对人的心理活动最表面、最直接的反映。透过表象窥探心灵的律动,把握情绪变化的尺度,了解感情互动的根源,表情就是传递这种信息最外在的体现。在所有生物中,人的表情几乎是最丰富,也是最复杂的。

当人们与他人交往时,无论是否面对面,都会下意识地表达各自的情绪,与此同时也注视着对方做出的各种表情。正是这种过程,使人们的社会交往变得复杂而又细腻深刻。

第二章 百变表情——七十二般语言变幻无常

在高明的观察者看来，每个人的脸上都挂着一张反映自己生理和精神状况的"海报"。狄德罗在他的《绘画论》一书中说过："一个人，他心灵的每一个活动都表现在他的脸上，刻画得很清晰、很明显。"

1912年，诺贝尔奖获得者、法国生理学家科瑞尔在他的《人，神秘莫测者》一书中论述道："我们会见到许多陌生的面孔，这些面孔反映出了人们的心理状态，而且随着年龄的增长，反映得将越来越清楚。脸就像一台展示我们人的感情、欲望、希望等一切内心活动的显示器。"

1973年，美国心理学家拜亚曾经做过这样一项实验：他让一些被试者表现愤怒、恐怖、诱惑、无动于衷、幸福、悲伤等6种表情，再将录制后的录像带放映给许多人看，请他们猜何种表情代表何种感情。其结果是，观看录像带的这些人，对此6种表情，猜对者平均不到两种。

当被试者表示"愤怒"的感情，观察的人却以为那是悲伤。

这也恰好证明许多人为了掩饰自己真正的感情，可以伪装自己的表情。

在长期生活实践中，人类学会了掩饰内心真实情感的手段，这种手法在现代商业谈判中屡见不鲜。洽谈业务的双方，一方明明在很高兴地倾听对方的陈述，且不时点头示意，似乎很想与对方交易，对方也因此对这笔生意充满信心，没想到对方最后却表示："我明白了，谢谢你，让我考虑一下再说

 身体语言密码

吧。"这无疑给陈述方当头浇了一盆凉水。

所以，在通常情况下，我们必须对人的面部表情进行深入细致的辨别，才能探视出人心的真面目。

眼神——灵魂的镜子

眼睛是心灵的窗户、灵魂的镜子，它毫不掩饰地展现个人的学识、品性、情操、趣味、审美观和性格。戏剧表演家、舞蹈演员、画家、文学家、诗人都着意研究人们的眼睛，认为它是灵魂的一面无情的镜子。

既然眼睛能映射出人内心的感受，那你是否能在见到对方的眼睛时，可敏锐地捕捉到其内心的话语呢？

人们在吃惊或有防备的时候，会把眼睛睁得特别大，再加上一些面部表情，例如眉毛会抬起，且向上弯曲，而下颌则会下垂，双唇会分开。你在看到这些现象后，可以推测这个人正在震惊中。

若你与某人谈话，他眯起双眼，皱起前额，并不住地对你进行打量，那么表示他在怀疑你说的话。他希望用眼睛的审视在你身上找到蛛丝马迹，以肯定自己的判断。由于其主要表达一种不确定、不认可的态度，所以这种情况也经常出现在当某人对某个决定没有把握的时候。

第二章　百变表情——七十二般语言变幻无常

当某个人直接盯着另一个人，显示出紧张的眼部状态时，他的上下眼皮也会很紧张，眼睛眯成一条缝。他用眼睛盯着别人，用以宣泄内心的感受，甚至达到吓唬对方或威胁对方的目的。

一个人内心恐惧眼睛会直愣愣地大睁着，好像要把那预示着迫近危险的最细微的动作都看个一清二楚。在这种状态下，发出动作者的下眼皮很紧张，但同吃惊的情绪不同的是，感到恐惧的人的面部表情很不一样，他们的眉毛抬起并锁在一起，呈水平线形态。

和你谈话时，他的眼睛并不是看着你。在说话进入正题的时候，对方不时移开目光看向远处，不是他根本不关心你说些什么，就是正在算计某些事情。

对方眼神闪烁不定，是因为他的内心正担忧某件事，而无法真正坦白地说出来，他才会有这样的眼神，可理解为对方心里有自卑感，或正想欺骗你。

目光炯炯望人，上睫毛极力往上抬，几乎与下垂的眉毛重合，呈现一种令人难忘的表情，是传达着某种惊怒的心情。

斜眼瞟人则是偷偷地看人一眼又不愿被发觉的动作，传达的是羞怯、腼腆的信息。这种动作等于在说："我太害怕，不敢正视你，但又忍不住地想看你。"

眼睛上扬是假装无辜的表情。这种动作是在佐证自己确实无罪。

眼睛往上吊，这种人心里藏着不可告人的秘密，喜欢有意识地夸大事实。他们性格消极，不敢正视对方。

眼睛往下垂，这个动作有轻蔑对方之意，要不然就是不关心对方的情形。这种动作的发出者一般个性冷静，本质上只为自己设想，是任性的人。

挤眼睛是用一只眼睛向对方使眼色，表示两人间的某种默契，它所传达的信息是"你和我此刻所拥有的秘密，其他任何人无从得知。"

眨眼的系列动作包括连眨、超眨、睫毛振动等。连眨发生于快要哭的时候，代表一种极力抑制的心情。超眨的动作单纯而夸张，眨的速度较慢，幅度却较大。

动作的发出者好像是在说："我不敢相信我的眼睛，所以大大地眨一下以擦亮它们，确定我所看到的是事实。"睫毛振动时，眼睛和连眨时一样迅速开闭，是种卖弄花哨的夸张动作，好像在说："你可不能欺骗我哦！"

头部动作的态度寓意

头是人的身体最聪明、最机智的部位，学会解读头部的动作语言，你将会在交际场上，轻轻松松洞悉人心，掌握住成功人生的契机。

1.抬头

头部突然上扬代表吃惊的反应。当人们对谈话内容持中立态度时,往往会做出抬头的行为。如果把头部高高昂起,同时下巴向外突出,那就显示出强势、无畏或者傲慢的态度。

2.低头

头部低垂,一般来说,表明一个人对自己内心非常厌倦。有时低头表示的是"我在你面前压低我自己"的意思,但是这种姿态并不仅限于地位低下的人。当同事或居上位者做此动作时,它的信息乃是以消极的方式表达:"我不会只认定我自己",然后变成这样的含义:"我是友善的。"

猛地把头垂下,然后隐藏脸部,也可用来表示谦卑与害羞。在心怀敌意的情况下,把头低下则具有截然不同的意义,其主要差异在于眼睛向前瞪视敌人,而不是随着脸部而下垂。

3.点头

点头一般意味着肯定,但也不完全如此。关于点头方面的实验,有以下三种结果:

第一,当对方针对谈话内容或音律,向你做点头的动作时,表示其对你某种承诺的允许及好感。

第二,在两人的谈话过程中,对方的点头超过三次,表示不耐烦或有否定的意味。

第三,若点头的动作与谈话情节不符,则表示对方不专心,或有事情隐瞒。

4.摇头

摇头本质上是否定信号。颈部把头猛力转向一侧,然后再回到原来的位置,这是单侧的摇头,同样传递"不"的信息。

5.晃动头部

摇晃头部时,说话者正在说谎,而且试图压抑住要表示否定的摇头动作,但又不能彻底。

晃动头部,一般被用来表达特别惊讶的意思。其中隐含刚得知的消息是那么不寻常,以至于必须晃动头部才能确信这不是做梦。

6.探头

颈部驱使头部向前伸并朝向感兴趣的方向。这种动作比较复杂,因为它既可以表达浓烈的爱,也可以表达深刻的恨。第一种情况是两个相爱的人,伸长脖子深情专注地凝视对方的眼睛;第二种情况则像两个冤家伸长脖子,探出头部以表示他们都瞧不起对方,而且瞪视对方如同洞察对方的眼睛;第三种情况则出现在某人渴望吸引你全部的注意力之时,因此他会把自己的脸探出来,以阻挡其他任何可能吸引你的东西。头部从兴趣之源缩回,这是回避的动作。

7.头部后仰

头部后仰,这是势利之人或非常自信之人鼻子朝天的姿态。当一个人把头向后仰的时候,其情绪变化包括从沾沾自喜、桀骜不驯到自认优越而存心违抗。基本上,这种姿态是挑眸的仰视而不是温顺的仰视。

8.侧头

头部轻轻地歪向一边,这个动作源自幼时舒适的依偎,比如小孩把他的头部依靠在父母的身上。当成年人(通常是女性)把头歪斜一侧时,此情此景就像倚在想象中的保护者身上一样。

9.歪着脑袋倾听

歪着脑袋聚精会神倾听的姿态,不仅仅出现在人类身上。动物也有相同的表现,例如刚满三个月的小狗听到或看到吸引它注意力的新事物(如新的狗屋、第一次见面的其他动物等)时,头也会歪向一边。

10.头部僵直不动

头部僵直,表示一个人特别有魄力而且无所畏惧,甚至什么东西在身边摔破,都不屑一顾,或者是心里觉得无聊的表现。

11.拍打头部

拍打头部这个动作,多数时候的意义是在向你表示懊悔和自我谴责。他肯定没把你上次交待的事情放在心上,如果你正在问他"我的事情你办了没有",见他有这个动作的话,你不用再问,也不用他再回答了。

时常拍打前额的人一般都是心直口快的人,他们为人坦率、真诚,富有同情心。在"耍心眼"方面你教都教不会他。这种人如果对你有什么得罪的话,请记住:他们不是有意的。

才下眉头，却上心头

眉毛是眼睛的"卫士"，是一道天然屏障，对眼睛有很好的保护作用，同时也能丰富人的面部表情。双眉的舒展、收拢、扬起、下垂可反映出人的喜、怒、哀、乐等复杂的内心活动。古人所说的"才下眉头，却上心头"，指的就是眉毛的动作能反映一个人的心情变化。

每当我们的心情改变，眉毛的形状也会跟着改变，继而产生许多不同的重要信号。归纳起来，有以下几种：

其一是低眉。

当人们受到侵略的时候，通常会呈现出这种表情，因为这是一种带有防护性的运作，通常只是要保护眼睛免受外界的伤害。当然，在真正遭遇危险的时候，光是低眉仍不能有效地保护眼睛，一般情况下还需要将眼睛下面的面颊往上挤，以尽可能提供最大的防护，这时眼睛仍保持睁开并注意外界动静的状态。这种上下压挤的形式，是面临外界攻击时典型的退避反应，眼睛突然见到强光照射时也会呈现这样的状态。另外，当人们有强烈的情绪反应，如大哭、大笑或感到极度恶心的时候，眉毛也会产生这种情况。

其二是皱眉。

可以代表很多种不同的心情，例如：惊奇、错愕、诧异、快乐、怀疑、否定、无知、傲慢、希望、疑惑、不了解、愤怒和恐惧等。

一般来说,皱眉的情形包括防护性和侵略性两种。防护性的皱眉只是保护眼睛免受外来的伤害。至于侵略性的皱眉,仍是出于防御,是担心自己侵略性的情绪会激起对方的反击,与自卫有关。真正的侵略性眼光应该是瞪眼直视、毫不皱眉的。

其三是眉毛斜挑。

斜挑是两条眉毛中的一条向下降低,一条向上扬起。这样的形态所传达的信息介于扬眉与低眉之间,一般表示一个人半边脸显得激动、半边脸显得恐惧。而尾毛斜挑的人,心里通常处于怀疑状态,因为扬起的那条眉毛就像是提出的一个大大的问号。

其四是眉毛打结。

一般是指两条眉毛同时上扬及相互趋近,和眉毛斜挑一样。这种表情通常预示着严重的烦恼和忧郁,比如一些患有慢性疼痛的患者就会经常如此。而急性的剧痛产生的是低眉而面孔扭曲的反应,较和缓的慢性疼痛就会产生眉毛打结的现象。

其五是眉毛闪动。

眉毛闪动的动作,是全世界人类通用的表示欢迎的信号,是一种友善的行为。当两位久别重逢的老朋友相见的一刹那,往往会出现这种动作,而且常会伴随着扬头和微笑。

眉毛闪动除了作为欢迎的信号外,如果出现在对话里,则表示加强语气。每当说话者要强调某一个词语时,眉毛就会很自然地扬起并瞬即落下。

其六是耸眉。

耸眉与眉毛闪动的区别就在于片刻的停留。耸眉所牵动的嘴形是忧伤的,有时它表示的是一种不愉快的惊奇,有时它表示的是一种无可奈何的样子。此外,人们在热烈地谈话时,会做一些小动作来强调他所说的话,当讲到重要处时,会不断地耸眉,有些习惯性的抱怨者絮絮叨叨时就会这样。

其七是扬眉。

人们常用"扬眉吐气"一词来形容一个人的冤屈得到伸张时的心情。但同时也要认识到,一个眉毛高挑的人,正是想逃离庸俗世事的人,通常会认为这是自炫高深的傲慢表现,而被称为"高眉毛"。当一个人双眉上扬时,表示非常欣喜或极度惊讶;而一个人单眉上扬时,则表示对别人所说的话、做的事,不理解、有疑问。

其八是眉毛迅速上下活动。

这样的动作和眉毛闪动很类似,一般说明一个人的心情愉快,内心赞同或对你表示亲切。

其九是眉毛倒竖、眉角不拉。

如果我们看到了这样的动作,则说明对方处于极端愤怒或异常的气恼中。

其十是眉毛完全抬高。

这表示出的是一种他"难以置信"的神情。

其十一是眉毛半抬高。

表示他"大吃一惊"的神态。

其十二是眉毛正常。

这样的情形出现在谈话中,通常表示他"不作评论"。

其十三是眉毛半放低。

一般这样的动作都用来表示他"大惑不解"。

其十四是眉毛全部降下。

表示他"怒不可遏"的状态。

其十五是眉头紧锁。

表示这个人的内心深处忧虑或犹豫不决的状态。

其十六是眉梢上扬。

这表示有喜事降临的意思。

其十七是眉心舒展。

表明这个人的心情坦然,处于愉快的状态中。

"承上启下"的鼻子表情

人的鼻子十分奇妙,它有两个鼻孔,鼻孔是鼻子跟外面相通的孔道,也是气体出入的孔道。说两个人气味相投,思想言行一个样,在汉语中常说"一个鼻孔出气"。

鼻子在人的五官中居于最中间部位，同其他部分相比较，它在结构上起着纲领的作用。一个理想的面孔如果没有一个理想的鼻子来统率，则显得毫无秩序和气势。

相对头部的其他五官来说，鼻子的表情显然非常少，但是由于它位于整个面部的正中，所以同样起到了"承上启下"的作用，常常会提供给我们一定的性格特质线索——尤其是有些人想方设法掩饰的那些特质。比如翻开童话故事，看其中人物的性格，就会发现国王是老鹰鼻，好好先生是朝天鼻，酒鬼是酒糟鼻。由此可知，鼻子也是认识对方的一个关键。

我们经常说"皱起的鼻子"，那通常是在对事物表示厌恶的时候；轻蔑的时候则称"嗤之以鼻"；愤怒的时候鼻孔张大、鼻翼扇动……

一般来说，鼻子所传递的还是远远不如眼睛和嘴丰富，但也能给我们提供若干的身体语言信息：

在谈话中，当对方的鼻子稍微胀大时，多半表示他对你有所不满，或情感有所抑制。

如果他鼻头冒出汗珠，一般来说，这表明一个人的内心特别焦躁或紧张；如果对方是重要的交易对手，必然是急于达成协议。

如果整个鼻子的颜色泛白，就显示对方的心情一定畏缩不前。

皱起鼻子再加上一种严肃的面容，表示一种厌恶和轻蔑，

第二章 百变表情——七十二般语言变幻无常

从根本上讲,这是一种傲慢、不屑一顾地对待别人的态度。另外,皱鼻子的人也有可能是他们闻到了一种难闻的气味。

鼻孔朝着对方,指藐视对方,瞧不起人,一副傲慢的表情。"傲慢的"表情是以某些人有仰头习惯为基础的,文学作品中把这些人描写成"鼻子朝天",好像一切都在他们掌控之下。其他一些常用的特征描写包括:"他鼻孔朝天,一种自高自大的神态""他仰起鼻子露出轻视的表情""他鼻尖朝地,对世界不屑一顾的样子",等等。

思考难题或者极度疲劳的时候,人们会用手捏鼻梁;特别无聊或者遇到挫折的时候,则常用手指挖鼻孔。这些触摸自己鼻子的动作,都可视为自我安慰的信号。

要说明的是,鼻子并不是特别可靠的人格"指南针"。尽管如此,鼻子这一部位仍可以是富有表情的,而且也的确能提供一定的性格特质的线索——尤其是有些人想方设法掩饰的那些特质。我们可以通过一些微小的变化解读到更多的面部表情,从而使我们进一步掌握更多人们不知道的身体语言信息。

在心理学方面把鼻子和手指作为一种关联,有下列的动作:

第一,把食指顶在鼻子翼旁,表示怀疑的意思。

第二,摸鼻子,表示不能接纳你,拒绝的意思。

另一种说法是人紧张时,还容易引起鼻黏膜生理上的变化呢!

嘴唇上刻画的丰富表情

相对于眉毛与眼睛为代表的上半部分面部表情，嘴巴、嘴唇、舌头则是整个面部下半部分中最富表情的部位。嘴巴是人和动物进食的主要器官，也是发音器官的重要组成部分。嘴巴对于我们来说，是非常重要的。我们每天要用它来吃喝以延续生命，嘴唇、舌头和上颚等敏感的器官决定是否接受送入我们身体的食物，也借此表达一定的心中的想法。

除进食外，嘴巴最大的功能便是说话。而反映人们的内心活动，嘴也是不可或缺的活跃分子，即使不说出一个字，嘴也不是最保密的地方。据研究显示，在不同情形下，人的嘴会呈现出不同的状态：鄙视时嘴角下撇，惊愕时张口结舌，忍耐时紧咬下唇，微笑时嘴角上翘，气急时嘴唇发抖，委屈时撅起嘴巴，仇恨时咬牙切齿，等等。

嘴不仅单独使用能表达诸多情绪，在结合其他面部器官时，也有不同含义。例如，如果一个人嘴角向后咧，面部肌肉上移，眼睛变细等，这就说明他心情愉快；相反，如果他嘴角下垂，面部肌肉下移，紧皱眉毛，则表明他心情糟糕。

所以，作为在人的生存交往中不能被任何其他器官所代替的重要器官之一——嘴，尤其是嘴巴和嘴唇的相关动作，无疑成为了身体语言的又一重要显示平台。

嘴唇闭拢表示的是和谐宁静、端庄自然。

嘴唇半开或全开则表示疑问、奇怪，有点惊讶。

嘴唇全开一般表示惊骇。在人际交往中，除非我们是为了沟通谈判的需要，否则不要轻易出现这种嘴部动作。

嘴唇全开一般表示惊骇

撇嘴，是指收缩唇部肌肉，使得唇形更小。在这个过程中，嘴角也会轻微下垂，显出轻蔑的神情。人们通常在心情不好的情况下，脸上浮现这样的表情。生活中，人们习惯性地认为撇嘴是在表达不满或轻蔑。因此在解读这样动作的时候，身体语言学家认为，发出这个动作的人可能不太认同对方的意见，或者蔑视对方。尤其是当他们感到被低于自己的人胁迫时，这个动作会很常见。

嘴角向上，表示的是善意、礼貌、喜悦的意思。在人际交往中，这种身体语言特别会让对方感觉到我们的真诚和善解人意。时常嘴角上扬的人，性格开朗、亲切、外向且能言善道，善于同其他人打交道。通常，他们具有包容心，对朋友慷慨、热情，有着非常良好的人际关系，所以在遇到困难时，他们能得到很多人的支持与帮助。

嘴角向下通常表示的是痛苦、悲伤、无可奈何的神情。

咬住嘴唇的动作有上牙齿咬下嘴唇和下牙齿咬上嘴唇。

这常常是一种压抑内心感受的表情。在交谈时,使用这个动作可以表达一种敌意,尤其是边摇头边咬住嘴唇。另外,一些人仔细聆听对方说话,揣摩其中含义的时候,也会做出同样的动作。若频繁在这些时候做出此类动作,说明此人具有较强分析能力,遇事谨言慎行,周全严谨。

嘴唇撅着,一般都是表示生气、不满意的意思。这种表情在正式的场合出现,会被认为是不尊重对方的表现。

嘴唇紧绷,多半是表示愤怒、对抗或者决心已定。而故意发出咳嗽声并借势用手掩住嘴是表示"心里有鬼",有说谎之嫌。

嘴巴抿成"一"字形表明在做重大决定

嘴巴抿成"一"字形,一般习惯于做重大决定,或在紧急情况中主持大局的人常使用这种动作。这类人一般坚强,富有毅力,面对困难绝不逃避,想尽办法解决,并且采取任何行动都将深思熟虑一番,心思缜密。所以,他们容易获得成功,但通常也非常容易钻牛角尖,一旦认准的事情,绝不轻易改变。

舔嘴唇的动作,有很多解释。例如,当人们感到紧张的时候,嘴唇会变干,就会不由自主地舔嘴唇;人们在激动的时候,嘴干得也很快,为了缓解激动的情绪,人们会舔嘴唇以让其湿润。另外,舔嘴唇也是异性之间调情的手段,因为舔嘴唇能让自己的嘴唇更丰满靓丽,具有性感的诱惑。

表情有无皆有深意

"无表情"并不是因为没有任何值得表达的感情,而是由于内心存在着不愿表达的感情而引起的。如果以这种心理去观察,就会发觉无表情的人,在他的"面具"背后隐藏着许多别人不了解的心理纠葛。

1.没表情并非没感情

有些下属不满上司的言行,既不敢言,又不敢怒,只好装出一副无表情的样子。事实上,不管怎样压抑那股愤怒的感情,内心的不满依然很强烈。如果仔细观察他的面孔,就会发现他的脸色不对劲儿。倘若此时紧迫感继续增加,他的眼睛马上会瞪得很大,面部肌肉甚至会出现抽搐。所以,如果你看到对方的面部肌肉在抽搐,那就表明在他的深层意识里,并非毫无感情,而是正陷于激烈的冲突或强烈的不满之中。如果你碰到这种人,最好不要直接去指责他,或当场给他难堪。

此外,同样是毫无表情,也有两种情况:一种是极端地不关心,另一种是根本不看在眼里。事实上,这两种毫无表情的表情，有时却隐藏着善意或是爱心。对有些人来说，尤其是女性，倘若太露骨地表达自己的善意或爱心，有时会为某种因素或某些环境不允许，于是她只得表露出相反的表情。

2.无表情的背后隐藏着复杂的表情

一般那些初次见面时无甚表情的人，给我们的感觉是这种人很难对付、很难摸透他的心思。

大多情况下，在初次见面时，一般人最起码都会堆起笑容，按社交辞令与人寒暄，这是最基本的礼仪。但一见面便冷若冰霜、毫无表情的人也不是不存在。这种人对任何事情都反应迟钝，不容易把喜怒哀乐流露于外表。和这种人接触，你根本摸不清他对你的话题是否感兴趣，对你的到来是否表示欢迎，完全如坠入云里雾中，实在令人苦恼。

但是，你千万不要就认定了这种人难相处，而对其采取敬而远之的态度。因为他们这种面无表情本身，其实就很清楚地呈现出了内在的"表情"。当人的内心深处存在着未得到满足的强烈欲望或敌意等不愿让人知道的感情时，就会极力抑制这种感情流露出来，这时便会呈现出无表情状态。

第三章

魔力微笑——世界通用的神奇语言

　　微笑，是人类最美好的动作。在双方互动的过程中，微笑如同直通人心的世界语，能深深地打动另一颗冷漠的心灵，让人们敞开心胸，更好地沟通。而人们平常的笑容也是"含义隐现"的，在很多场合下，一个笑容并不简单，其背后可能隐藏着许多秘密。作为身体语言中最灿烂的花朵，微笑到底能传递出哪些信息呢？

微笑是一座沟通的桥梁

微笑是人类特有的动作,通常被认为是一种展示幸福与开心的信号。这一动作形成于人类幼年时期。虽然我们都是哭着来到这个世界的,但是5周以后我们就学会了微笑;而4~5个月之后,我们就会用大笑来表达自己的情感。婴儿们也很快就知道,哭泣可以吸引我们的注意,而微笑则会让我们留在他的身边。

猴子与猿的幼子可以攀附在母亲身体上,而人类的孩子需要借助其他的什么东西让他们与母亲接近,因为他们无法攀附在母亲身上,他们必需以某种方式使母亲愿意亲近自己。于是,他们施之以迷人的微笑。

在进化理论中,微笑是害怕的表情,也是向两侧拉动嘴唇的唯一面部动作。但这一特有的表情发生了微妙的变化,从"我害怕""我不具有进攻性"变成了"我是友好的"。在这一过程中,动作的外形也发生了轻微的变化,从而避免友好的面容与害怕的面容之间的混淆,也就是在向两侧拉动嘴唇的同时,上扬嘴角。如果我们不能充分扬起嘴角,所呈现的就是一个僵硬的神经兮兮的微笑。

在我们的脑海里,破译微笑密码的能力与帮助我们获得生存的权利似乎是风马牛不相及的两件事。不过，对我们的祖先而言，事情就另当别论了。从本质上来说，微笑其实是在向对方传递一种表示谦恭、顺从的信号。所以，每当有陌生人接近时，我们的祖先就是凭借这一信号来判断来者是敌还是友。

我们利用微笑告诉其他人，自己不会给他们带来任何伤害，希望他们能够从私人的角度接受自己。据法庭里的一项研究表明，法官往往会轻判那些辩护时面带微笑的犯人，而那些辩护时面无表情的犯人则享受不到这一优待。

世界上最美的笑就是从内心的最深处所表现出来的真诚笑容，如婴儿般天真无邪，散发出诱人的魅力，令人如沐春风，无法抗拒。婴儿的笑容，说多美就有多美。他们的笑容纯真得令人心旷神怡，令人迷惑。婴儿之多，无以计数，但谁看过他们挖苦的、蔑视的、龌龊的、邪气的笑？

我们要学会拥有以鼻梁为中心线、左右表情相同均匀的天真无邪的美丽笑容，即婴儿般的笑容。当成人露出接近婴儿时的那种笑容，那才是发自内心的笑。这种笑容会使初次见面的人如沐春风，也会使对方自然地展露笑容。

微笑能把爱传达给对方，使对方快乐；能除去两个有误会的人心中的芥蒂，建立信赖感；能使工作顺利进行，可以打破尴尬气氛；能吸引他人，建立自信，使人青春、健康。更重要的是，微笑能洞察对方的心理状态。

微笑传递着无害和友善，真诚的微笑让两个初次见面的人不再紧张，也向彼此传递了友善的信息，就像是说"我是你的朋友，我不会伤害你"，希望对方从私人角度接受自己。于是，陌生不适的氛围被打破，人们打开了心扉，更容易结识更多的朋友。

卡耐基说："笑容能照亮所有看到它的人，像穿过乌云的太阳，带给人们温暖。"微笑是一种无声交流的语言，微笑连接起了陌生人心与心的交流，为人们交往和沟通架起了一座桥梁。所以，让我们充分地发挥微笑的神奇魅力吧！

多少性格"笑"出来

美国心理学家佛德烈·戈思宁指出："人类笑的类型有很多种，每个人都具有特有的欢笑方式。从这些'笑式'中，完全能透视一个人的性格。"

根据身体语言学家的研究，可以将一个人的笑分成如下几种类型，每一种都将阐释一类不同性格的人。

笑声轻柔而普通的人，性格稳重，明白事理，理解能力强，事事为他人着想，善于协调人们之间的关系，是人群中的和事佬。

笑声干涩者的笑声断断续续，听起来十分干涩、乏味，甚至有些冷漠。说明此类人理智、精明，常常能洞察人心，但比较现实。

那些笑声音调高且有些刺耳的，表明此类人具有冒险精神，精力十分充沛且感情较为细腻、丰富，生活态度积极、乐观。

开怀大笑者在笑的时候，张大嘴巴，会露出牙龈。此类人性格坦率、热情，凡事决断迅速，不拖泥带水，为人仗义，人缘很好，但是感情十分脆弱。

笑中带泪者，往往是因为其笑声较为狂肆，以至于泪水夺眶而出。说明此类人同情心强，态度积极进取，人情味极浓，热心助人，甚至能牺牲自己向别人伸出援助之手。

"吃吃"而笑者，给人以朴实"傻气"的感觉。此类人极具幽默细胞，富有创造力、想象力，且严于律己，是踏实的工作者。

透析各种常见的笑

日常生活中，能看到很多人脸上都浮现着笑容，这些表情含义各异，给人以不同的感觉，展现了不同的情感态度。以下是对那些我们在日常生活中常见的几种笑的形式的总结与分析。

相信许多人都会很乐意与那些经常开口大笑的人打交道。因为人在开口大笑时，嘴巴张开，下巴低垂，嘴角上扬，能带给人一种很开心的感觉。不少演员和政客都十分钟爱这种笑容，而且喜欢利用它在观众当中营造一种快乐的氛围，勾起他们想笑的欲望，或是为自己赢得更多选票。

斜瞄式微笑是指微笑时双唇紧闭，同时还低下头，歪向一侧，并且斜着眼睛向上望。大多数时候，这一笑容见于女性身上，她们喜欢在异性面前露出这种略有腼腆害羞的笑容，以期望引发男性体内的保护欲，使男性不由自主地想呵护她。这种既俏皮又有些腼腆的微笑在很多女性眼中是友善、易相处的表现。所以，这种笑容往往能摒除他人的戒备心理，达到笼络人心、讨人喜欢的目的。已故的戴安娜王妃就是用这样的笑容征服了英国，同时让女人们也喜欢上她，成为名副其实的"英伦玫瑰"。

许多男、女演员当被要求微笑的时候，能立刻表现出一个优雅的笑容，但这种笑容就像人们在照相的时候被要求微笑一样，由于是故意表现出来的，所以显得呆板、缺乏表现力，从而演化成为一种凝固式的、机械式的微笑。

有一种闪电式的微笑，就是在一张非常平静的脸上，笑容一闪而过，随后便没有踪迹。相比之下，我们时常能看到，两个朋友在无意中相遇后，脸上的笑容一直会持续到他们分手之后。而闪电式的微笑只是刚做出微笑的样子，即立刻消失,一般时间不会长过一秒钟。通常人们认为,这是一种故意的冷落和敷衍对方的表现。其实,这只是一个人的真实心境和社会表现发生了抵触,他并不是发自内心地想笑,所以没有顾全自己的表情。

双唇紧闭且向后拉伸,形成一条直线,完全看不见双唇后的牙齿,这就是抿着嘴唇笑。它内在的含义是,微笑者心中有不愿告知你的秘密,或是不想与对方分享自己的想法或观点。一般女性在遇到自己不喜欢的人而又不想让对方难堪的时候,通常会露出这样的笑容。尽管她们试图用这种委婉的方式让男士自觉后退,但似乎完全不起效果。

在一张扭曲的笑脸上,其左边眉毛上扬,与此同时,由于左侧颧肌收缩,其左边脸颊上便会浮现出一种看似微笑的表情。可奇怪的是,其右边的眉毛却因眼轮匝肌的收缩而向下沉,嘴角和整个右侧脸颊也因此微微下移,露出了一种完全矛盾的表情。这就是歪嘴笑,它是西方人的专利,其所传递的信息也只有一个——挖苦、讽刺。

跟斜视一样,冷笑同样也是一种表达轻视的举动,而且在世界范围内通用。当我们冷笑时,颊肌会一起将嘴角拉向耳朵的方向,使脸上露出嘲笑的表情。这种表情清晰可见,哪怕只是片刻出现,也能让人感受到其中的用意。华盛顿大学的研究员约翰·葛特蒙发现,在已婚的夫妇中,当一方开始冷笑另一方时,他们的感情很可能已经出现了问题。相关专家也注意到，在联邦调查局的调查中，嫌疑犯常常做出这种表情，因为他们认为自己知道的比调查者多，或感觉到官方并不了解整个案件的真相。

总而言之，保持微笑吧，那么所有的人都会好奇你究竟在笑什么。

看你假笑到几时

大家都知道，笑可分为真笑和假笑，但绝大多数人都无法准确地区分真笑与假笑，而且只要看见有人冲我们微笑，我们大都会有一种满足感，从来不会去思考这笑容究竟是真还是假。由于微笑具有让人放松戒备、消除敌意的作用，所以大多数人常常错误地把它当成撒谎者的专利。

相关研究表明，当人们刻意用谎言掩盖事实真相的时候，大多数人（尤其是男性）的表情都会比平时更加严肃。这是因为撒谎者大都意识到了这样一个事实：大多数人都会把微笑和谎言联系在一起，所以他们会有意识地克制自己，尽量不露出笑容。撒谎者的笑容出现速度比发自内心的真笑要快，而且持续的时间也更长，看上去就好像是戴着一个笑眯眯的面具。

当你施展假笑时，由于我们的左右两个半脑都希望能使笑容看起来更加真实，所以在意识的控制之下，我们的左侧脸庞与右侧脸庞的表情并不完全相同,其中一侧的表情会显得更加夸张。控制面部表情的神经元大都集中在右半脑的大脑皮层中,而这部分大脑只能向我们的左半身发送指令。结果,当我们刻意地想在脸上堆满笑容的时候,左侧脸部的笑容就会比右侧脸部的笑容更加明显。

可如果是发自肺腑的真心微笑,由于无须刻意的假装,所以我们的左右两个半脑向身体两侧所发送的指令就是对称的,而两侧脸庞的笑容也就不会有任何区别了。

此外,自然的笑容会让人的眼睛四周产生细纹,而在一张不真诚的笑脸上,细纹只会出现在嘴的四周。因为开心而发出的笑容不仅会使双唇后扯、嘴角上提,而且还会同时带动眼部周围肌肉的收缩,而敷衍或虚假的笑容则只能引起双唇四周肌肉的收缩。

只要你肯下工夫练习,用不了多长时间,你便能分辨出真笑和假笑。有一种方法可以推进你的学习进程,即根据你周围的人对彼此的感觉,观察他们打招呼的方式。例如,假设你知道你的一位业务伙伴喜欢A君但不喜欢B君,而两个人都受邀参加这位伙伴举行的聚会,那么注意观察一下他在门口接待这两个人时的表情,你一定能立刻找出这两种笑的区别。

一旦你掌握了微笑晴雨表,你便能酌情处理与他们的关系。你还可以通过观察别人脸上的笑,估算对方对你的想法和建议的态度。得到真笑的想法值得进一步开发和跟进,而得到假笑的建议则应重新评估，或被暂时搁置。

这种微笑晴雨表适用于朋友、配偶、同事、孩子，甚至是老板，它能够适时反映人们交流过程中的各种感觉。

微笑的魔力有多大

微笑的魅力，最是说不尽。微笑能让人动情，其最显著的特征就是它的感染力强。当你向某人微笑时，无论真假与否，对方都会自然地回馈给你一个甜美的微笑。

英国伦敦学院的鲁斯·坎贝尔教授认为，人类的大脑里有一种"反射神经元"，它不仅可以促使大脑识别面部表情和动作，而且还能够向面部肌肉发出指令，做出与所见表情相似的面部动作。换言之，无论是否意识到这一动作的发生，我们都将会自动地在脸上复制出见到的任何表情。

心理学家也分析过，当人们看到一张笑脸的时候，我们的大脑神经会接受到指令，用微笑来回馈对方。瑞典大学的伍夫·丁柏格教授通过实验表明，潜意识下，我们会对微笑的脸做出同样的反映。实验中，丁伯格教授让120名志愿者观看一些画有开心和愤怒表情的图片，并且记录下他们面部肌肉的各种动作，然后借助于仪器，最终获得了各种由肌肉纤维所发出的电子信号。根据要求，志愿者对他们所见到的图片做出皱

第三章　魔力微笑——世界通用的神奇语言

眉、微笑或面无表情等各种面部动作。结果发现，志愿者们很容易跟图片做出同样的表情。虽然志愿者们都竭尽全力想控制住自己面对这些图片时所产生的自然反应，但是面部肌肉的动作却难以抑制。

所以，当你看到某人对你微笑时，即使你极力克制，也会有向对方做出微笑姿势的冲动。这也就解释了为何微笑会具有如此大的魔力，为何你需要常常以笑脸示人，即使是在不情愿的情况下也不例外。因为你的笑容将会直接影响他人对你的看法，并且决定对方回应你的方式。科学研究证实，你笑得越多，其他人对你的态度就会越友好。

很多英美政客都懂得利用微笑来树立自己的最佳形象，甚至他们还发现了"最有魅力的笑容"，即"杜彻尼微笑"，而人们只有在最真诚的时候，才会发出这种微笑。相反，如果不会利用微笑，人们则会对这个大人物产生隔阂。

西方政治家常利用微笑来树立自己的形象

没有人喜欢看到一张愁云满面、阴云密布的脸。当你向他人露出笑容的同时，对方通常都会回以一个同样灿烂的笑脸。如此一来，出于因果效应的作用，双方心中便都会自然生出一种对对方的好感。可见，只有微笑的脸，才会有快乐的种子，才能带来轻松和愉悦。

开怀大笑是最好的良药

当你开怀大笑时，朗朗笑声总是相伴左右，久而久之，爽朗的笑声也就成为了你的标志，成为了你这个人的一部分。放声大笑不仅能够使气氛更加融洽、和谐，为你赢得更多的朋友，而且还有益身心，能够延年益寿。

想想上一次别人给你讲笑话，你听后止不住大笑的情景。笑过之后，你有什么感觉呢？你是不是觉得全身的每个器官、每根神经都有种麻麻的感觉呢？那是因为就在你尽情大笑的时候，你的大脑分泌出了天然的止痛剂以及一种"能让我们感觉更加舒适"的化学物质，即内啡肽，其成分、作用与吗啡类似，能够舒缓压力，减轻伤病痛苦，让我们心情愉快，使人有了一种"自然的快感"。

当我们开怀大笑时，身体内的每一个器官都会产生连锁反应，并且收效极佳。因为大笑，我们的呼吸加速，从而使得

第三章　魔力微笑——世界通用的神奇语言

我们胸腔内的横膈膜得到充分的伸展，脖子、腹部、脸部以及肩膀处的肌肉也因而得到了锻炼。与此同时，大笑会让我们吸入更多的氧气，增加血液中的含氧量。这不仅能够加速病症的痊愈，促进血液循环，而且还可以促进血管的伸张，使其接近皮肤的表层。这就是为何人们在大笑的同时脸红的原因。除此之外，大笑还可以减慢心跳速度，扩张血管，增进食欲，并且燃烧脂肪，消耗卡路里。

神经学家亨利·鲁宾斯滕发现，开怀大笑一分钟就可以使人在接下来的四十五分钟内都处于放松的状态。斯坦福大学的威廉·弗莱教授在他的一篇报告中指出，大笑一百分钟就相当于在跑步机上进行十分钟的有氧运动。从医学的角度来说，如果某人诅咒你的笑容，其实就相当于诅咒你的健康。

并且，心理学家还发现，笑和兴奋的情绪能刺激大脑快速思维，开发尚未被使用的脑区，因而有助于开拓思路和自由联想。不仅如此，笑还可以让人头脑清醒、心胸宽阔，做出有创意的决定。

总而言之，微笑和笑声能够帮我们建立起一道神奇的天然的免疫屏障，帮助我们的身体对抗外来的各种疾病，促进伤病的痊愈。20世纪80年代，许多美国医院都引进了"充满笑声的房间"这一治疗疾病的概念。基于诺曼·科森斯的亲身经历以及帕奇·亚当斯博士所开展的其他关于笑声的研究，这些医院腾出了一间房间，在里面放满了各种各样的笑话书、喜剧电

影以及诙谐风趣的录音带，而且时不时还会有喜剧演员造访以及小丑表演。病人们每天来这里接受30~60分钟的笑声治疗。

治疗的结果相当惊人，病人的健康状况有了显著好转，平均每位病人的住院时间也明显短于医院之前的记录。与此同时，随着"充满笑声的房间"的设立，医院里止痛药剂的用量也大大减少，而病人因为疼痛而不配合治疗的情况也有了极大的好转。所以，我们完全可以这样说，医学界现在已经相当重视笑声对疾病的预防和控制作用了。

送给女性的微笑建议

波士顿大学的马文·海切特和玛丽安·拉·弗朗斯进行了一项研究。这项研究还表明，无论是在社交还是在职场交往中，女性微笑的频率远高于男性，而这也就在无形中使微笑的女性在面对不苟言笑的男性时居于弱势或下属的地位。

有的人认为，正是因为女性笑得更多，所以长久以来她们才会一直被置于男性之下的从属地位。不过，相关研究显示，早在出生八周之时，女婴笑的次数就远远多于男婴。所以，微笑这一特征很可能是天生的，而非后天培养所致。最合理的解释可能是，在人类进化的过程中，女性多扮演安抚者或抚育者的角色，而微笑正好与这一类角色的特性和功能相吻

第三章 魔力微笑——世界通用的神奇语言

合。不过，这并不代表女性就无法像男性那样威风凛凛，具备至高无上的权威性，只不过过多的微笑会让女性看起来显得更加柔弱、恭顺而使其权威性略打折扣而已。

女性之所以会笑得更多，大概是由其大脑所决定的，她们通常用笑来安抚比自己强壮的男性。社会心理学家发现，在社会交往中，女性微笑的时间占总活动时间的87%，而男性的微笑比例则只有67%；而且面对异性的笑脸，女性回之以微笑的可能性比男性高出了26%。

曾经有身体语言专家开展了一项实验，要求257名实验参与者在看过了15张表情各异的女性照片之后，对照片中人物的魅力进行评判。所给照片中人物的表情各异，有的很开心，有的很悲伤，还有一些则面无表情。实验结果显示，表情沮丧的女性，魅力评分最低。照片中，女性如果面无微笑，就会被认为是不高兴的标志；而同样情况之下，男性则会被看做是权利的象征。

因此，这里要送给女性朋友关于如何微笑的建议：在与处于优势支配地位的男性交往的过程中，应当尽量减少微笑的次数，或者根据对方的微笑频率来调整自己的微笑次数。

同时，提醒诸位男子汉们注意：在你们与异性的谈话过程中，如果想让自己的话听起来更具说服力，就需要随时谨记：无论何时何地，都要多多微笑。

发挥微笑的神奇功效

微笑不仅能愉悦心情,有益健康,还是我们生活和工作的好伙伴,能够帮助我们推销自己的各种观点和想法,为我们赢得更多的朋友,使我们的生活更加多姿多彩。

那么,我们该如何充分发挥微笑的神奇功效呢?

研究表明,人在群居生活时欢笑的次数是独处时的30倍。同时,与各种笑话以及有趣的故事相比,和他人建立友好关系这一目的与笑声的联系似乎更加紧密。在引发我们大笑的各种原因当中,只有15%来自于笑话。可见,想与他人沟通,建立联系,才是我们大多数笑容的真正原因和目的。社交环境中人越多,人们大笑的次数和时间就越多、越长。

人们用嘴角上扬的表情来表达心中的快乐之情,与此相反,当人们不开心的时候,他们就会表现出一种嘴角下垂的不高兴表情,也就是我们常说的撇嘴。只要感到不开心、沮丧、绝望、愤怒或紧张,人们的脸上就会浮现出这样的撇嘴表情。然而,如果一个人总是把这种负面、消极的表情写在脸上,久而久之,他的嘴角就会永远保持一种下垂的状态,看起来总是一副无精打采的沮丧样子。当这样的表情定格在他的脸上之后,在此后的日子里,这个人的脸看起来就会像是一只牛头犬。研究表明,当我们看见有这种面部表情的人从远处走来的时候,大多数人都会尽量避免与他进行眼神的交流;当他走近时，人们则会刻意地避开他，减少与他的身体接触。

因此，假如你发现撇嘴已经成了你的习惯性表情，那么，你就应该有意地增加自己微笑的频率。这样做不仅可以使你摆脱在后半生被人看成是一只愤怒的牛头犬的命运，而且还会让你也变得更加积极乐观、开朗向上。

第四章
巧手能"言"——千言万语尽在手中

手,是人的第二张脸,能说明很多问题,而且不像脸那样经常加以伪装。它们不只呈现一个人的性别、年龄,更能揭示一个人的性格、意图。

手指中的秘密该如何去解读?这不仅仅是细节问题,可能还是一个人心绪流露的契机。当一个人在用手指发表言论时,你看懂了吗?

能说会道的"多情"之手

有句话说"捏着一把汗",意思是即便你脸上还能强作镇定,但紧张的心情还是会从手中显现出来。这句来自生活实践的话语,也正说明了"手的表情"比"脸的表情"往往来得真实。

成功的演说家、教授和明星都知道,在人与人之间的沟通中,有很多可以表达意思的有效方法。其中,双手就是一个不错的途径。每个人都有一双"多情"的手,如果有人告诉你,双手也是有情绪的,你可能一笑置之。但如果一些权威的专家对你说,它不但有情绪,而且情绪还很多,你会怎么看待这个事情呢?

手除了能让人们灵活地抓举东西之外,也同样细腻地刻画了你的情绪。让我们来看看,人类到底有着怎样一双"多情"之手?

如果在说话的时候,某人不自主地将双手藏起来,那就说明他心有隐藏,在隐瞒一些谈论中关键的信息。一些私人或者对自己很重要的事情,将随着双手的隐藏姿势而被隐瞒起来。

双手不停地摆弄东西,或者手指不停地动等这些小动作都说明了行动者的烦躁,心里有较大的压力。尽管很多时候，言语中也会表现出这样的骚动，但人们无意识的动作，会将其表现得更明显。有些时候，这些举动也意味着涌动的愤怒。

无论何时，如果在表达的过程中握着拳头，这个人一定处于较为愤怒或难过的状态下，但是并不想把自己的情感表达出来。这个时候，他们将十分危险，埋藏的怒火很可能即将不能压抑，在瞬间爆发出来。

当某人在表达自己的意见时很坦诚，那么，他的双手通常是手心向外摊开的。这说明了此人对谈话的坦诚和对他人的真挚，是接受别人意见的手势。不过，常使用这种动作的人也非常容易受外界的影响。

看了上面的这些说明，我们不难发现，除了面部之外，最能形象直观地表达说话者情绪的部位就是手。说话的人将他们的手形成特定的形状，配合他们在说话的同时敲击和挥动，就像乐队指挥使用手中的指挥棒一样。通过模拟出相应的动作，或他们想要传达的情境，手部姿势和动作可以在不知不觉中增强说话者要表达的意思。

十指葱葱有"密语"

科学家们发现，人的手上有27块小骨头。这些骨头通过一个网络状的韧带结构相互连接，依靠肌肉的拉伸来完成关节的各种活动。基于生理上的协调活动，人类的双手与大脑之间的神经关联十分紧密，所以每个指头上的细微动作，都将精确地反映出每个人的内心活动。对于很多潜意识，当本人还没有觉察到时，已经传导到手部，让你的手指动了起来。

而且，手指在不同的放置情况下有着不同的含义，成为各式各样的姿势。它们的存在就像人类其他行为一样平常，可其真实的内涵却并不寻常。所以，身体语言学家指出，人们身上的每一个手指都具有自己的语言。

第一是拇指。

千百年来，大拇指一直被当成权威和力量的象征。在手相术中，拇指也代表着坚强的性格和自我为中心。对拇指的身体语言应用也是这样。拇指被用来显示控制权、优越感，甚至"侵略性"。拇指的姿势是次要的，搭配着姿势群。竖起或翘起拇指的人往往踮着脚，以便使他们显得高大一些。"冷静的"经理在部下面前经常采用这个姿势，讨好女人的男人在女性伙伴面前总是采用这个姿势，那些衣着打扮高贵典雅的人也是这样。衣着时髦的人比衣着破旧的人更经常采用这个姿势。

表示优越感的拇指姿势会变得最为明显，如果此人口头上的表示与此相矛盾的话。例如，律师用低沉、温和的语调对陪审团说，"陪审团的女士们和先生们，以我的愚见……"但与此同时，他却做出控制性的拇指姿势，把头往后仰，眼睛瞧

第四章 巧手能"言"——千言万语尽在手中

着鼻子尖儿。

这会使得陪审团感到,这个律师是不真诚的,甚至是自命不凡的。如果这个律师想表现得谦卑,他应当在走近陪审团时,一只脚迈向前,敞开上衣,张开手掌,身体稍微前倾,对陪审团表示恭敬。

拇指常常从人们的口袋里神秘地露出来,行为人原本是想掩饰自己的霸道态度。霸道的或者"侵略性"的女性也采用这个姿势。女权运动使她们能够采取男性的许多姿势。除此以外,采取拇指姿势的人往往还踮着脚,以便使他们显得更加高大一些。

另一个常用的拇指姿势是双臂交叉、拇指向上。这具有双重信号:消极态度的信号(双臂交叉)和优越感的信号(拇指露出)。采用这种双重姿势的人通常突出拇指的姿势,并且踮着脚。虽然对方采取了防御性的姿态来面对你,但其内心的优越感却依然强烈地表达出来。

当拇指被用来指向他人的时候,它也可能是嘲笑或者不尊敬他人的信号。例如,丈夫靠在朋友的身上,用攥着拳头的拇指指着妻子说:"你可知道,女人是一丘之貉。"在这种情况下,摇动的拇指被用来挖苦这个不幸的女人。因此,对大多数女人来说,用拇指指着她们,是最令她们恼火的,尤其是当男人如此做时,她们就更为气愤。女人中间较少使用摇动拇指的姿势。不过,她们有时也用这个姿势指着她们的丈夫或者她

们不喜欢的人。

第二是食指。

食指是无所不知的。其显著的特点是敏感性。如果要触摸什么东西，我们总是使用食指。拇指和食指用来测定物体的结构。感觉灵敏的食指为我们提供精密的信息。

谈话时经常使用食指的人，给人的印象总是在训人。举起食指，但是把手心对着说话人，虽然是打断别人的话："等等，我有个想法!"但还不那么突兀。

如果把手转成直角，那么食指的这个手势就变成了一种威胁信号，因为它可以进行劈、刺、钻等动作。如果食指自上而下，朝一个点刺去，那么这种气势就达到了淋漓尽致的程度。为了缓冲一下气氛，常常可以使用替代物：不是用食指，而是把铅笔作为手的延长器官，敲击要害部位。

第三是中指。

中指体现自我。哪个人不认为自己是世界的中心？没有人敢往这方面去想，但在私底下，每个人都是不由自主地这么想。在许多文化中，中指是阴茎的象征，这不是没有道理的，它具有一种挑衅意味："我比你有能耐!"这同时表明，性能力强的人就是强者。

我们中大多数人都是无意识地使用中指发出信号。研究者观察一个六岁的男孩，发现当他跟几个哥哥说话时，为了表现自己，他是如何使用中指的。在谈话时，触摸、抚弄或者按摩自己中指的人，有一种自我表现的欲望。不要把这个跟支配人的行为等同起来。后者是为了占上风，而前者则是为了求得别人的赞赏。

第四是无名指（也称戒指指）。

无名指表示情感。它跟自我表现的中指协同动作，也能单独表现出优雅的、柔情脉脉的气质。在谈话时触摸、抚弄无名指，表现了动作发出者对温情的需求。他们期待别人情感上的关怀，而不是理智上的解释。

第五是小指。

小指是社交性手指。它的作为不大，但是无所不在。把杯子送到嘴边时翘起小指，这个动作看上去有点可笑，也显得有点矫揉造作。但这原本是为使动作美观一点。这个动作是宫廷时代流传下来的，其时背后隐藏着一个要求："别忘了，我还在这里呢！"抚弄小指的人是想把别人的注意力吸引过来。

指尖上的语言"舞蹈"

手语的意义和作用是极为特殊的。大多人都知道"眼睛是心灵的窗户"这一说法，却很少有人知晓"手是心灵之窗的指向"这句话。人的双手与大脑间的神经关联远多于人体其他部位，因此，手能够更好、更准确地表达内心思想和情感。不仅每一个手指动作都能表示特定的内心信息，而且手指尖的动作也在展现人的心理活动。

下面我们来看看指尖上的那些语言"舞蹈"：

1.数拨手指

一般情况下，数拨手指，是在说明某些数字和条件时，需要特殊强调而增加其说服力和清晰度所采取的一种手势。

我们平时在工作中，某领导布置工作，涉及到一些数字和条款时，为了不让听者混淆，也常数拨手指。我们在汇报工作时，也常数拨手指。这样，就显得更有条理一些，不给人一种笼统和混乱之感，从而也能使自己的说话更清晰明了。

2.指尖相互敲击

如果在谈话时，有人将双手合十，指尖相互敲击，这说明什么？

这说明，这个人在寻找自己的期望跟对方建议的切合点。在这个情况下，决不能重复提出建议，而是应该自问，我的建议跟对方的期望值差距在哪里？提出新的方案也是一个解决方法。

手指交叉意味着什么

手指交叉，说明什么呢？把两手的手指交叉，是表明自

第四章 巧手能"言"——千言万语尽在手中

己的情感和理智处于平衡状态，是一种自我封闭。当然，任何压力都会阻碍这些人敞开心扉。

经受过专业的肢体训练的人都知道，手指交叉是情绪能够得到较为充分体现的一个动作。当一个人无意识将交叉的双手放在胸前时，表明他对某件事情持保留态度，或者说他并不完全同意交谈者的观点。但从总体上看，它同十指紧握不同，仍处在平和的氛围中，尤其是在交谈中，如果发出动作者的双手是松散地交叉，说明他认为对方的说法也是可以理解的。所以，在使用这一动作时，人们的面部表情多是带着微笑的，处于较为轻松的状态。

而在周围的人群中，身体语言学家发现一个较为特殊的情况，那就是女性更多使用十指交叉的姿势，并且女性"十指交叉"的含义同男性的典型含义是有很大差别的。在了解这些后，才更有利于了解女性。通常这样的动作有以下几种含义：

（1）对他人的戒备。女性中，喜欢十指交叉的人通常是在初恋中受过伤害的，因此在遇到他人（尤其是男性）时，会有一种防范心理，以避免再次受到伤害。这可以说是处于本性的一种明显防卫动作。

（2）表达自己的自信。如果女性在同其他人交谈时，用双肘支撑着交叉的双手，或者把下巴放在交叉的双手上面，这个动作表明这个女性特别有自信，或者说，她对自己的魅力非常有信心。在同男性谈话的时候，她们具有追求平等和个人魅

力的倾向。

（3）表现理性。一些女性喜欢将十指交叉，并摆成竖直的尖塔形，这一动作表明她们是非常理性的女子。她们清楚在什么情况下要对男子说的话感兴趣，什么时候该对男子本身感兴趣。

如果谈话时，对方两个手的食指跟伸出的拇指交叠，这表示什么呢？有人把这个称之为"双枪"。两个自以为是的食指跟显示双重优越性的拇指交叠，表明箭在弦上。持这种姿势听别人说话的人，往往会把指尖顶着自己的嘴，好像在等待别人的方案中出现漏洞。如果你看透了这个把戏，就可以在你认为有利的时机，把你的弱点暴露出来；如果你知道该如何回击对手的枪弹，那你就算是赢了。

翻手为云，覆手为雨

在很多古装剧中，带兵打仗的将军们多用手掌来发号施令，当手掌翻覆变化的时候，将士们将做出相应的动作。所以，将军们的手掌，就是"翻云覆雨"的利器，甚至是决定生死的关键。单单是手掌的一个动作，何时演化出了这样的含义？我们的手掌，到底还蕴含着多少不为人知的信息？

其实，在我们用来传递肢体语言信号的各个身体部位当中,手掌是最容易被我们所忽视的,但是,其作用却是最大的。当我们为他人提供指示或发布命令,以及与他人握手的时候,我们内心的一些想法往往会通过手掌表现出来。只要手掌动作的力量运用得当,便可以赋予使用者一定的权威,对别人实行无声的控制,不费丝毫气力,就能达到自己的目的。

借助手掌来传达指示的动作主要有三种:手掌向上、手掌向下以及有一根手指在外的握拳状。我们用下面的例子来说明这三种动作的不同之处。

手掌向上,是一种表示顺从、无可奈何、没有威胁性的姿势,它使人想到街头乞丐乞讨的姿势。从人类社会的发展角度来看,人们通常以此来告知对方:我的手中并没有武器。当你向某人提出移动某物的要求时,对方肯定不会因为你的要求而感到有压力,更不会因此而有被胁迫的感觉。不过,假如你在说话的同时,还配有手部动作,那情况就大不相同了。如果你希望他人开口说话,你可以向他伸出右手,摆出一个手掌向上的手势以示"谈话权的移交",从而告知对方你希望他能继续你们的谈话,而你也已经做好了在接下来的谈话中当听众的准备。在经历了上千年的演变和发展之后,手掌向上这一手势衍生出了不少变体,举起一只手并以手掌示人,以及将手掌按压于心口之上等都是这一手势的"衍生产品"。

不过,一旦你翻转手掌,使原本向上的手掌朝下,这样一个看似简单的手势变化却能够彻底改变他人对你的看法和态度。当你在说话时使用了手掌朝下的手势，对方不仅会马上感觉到你是在命令他将这件东西搬走，而且很有可能会萌生出一种抗拒心理。不过，这种抗拒心理的产生最终还是由你和对方之间的关系，或是你与他在工作中的职位级别来决定的。

假如你和对方的身份和地位平等，当你对他提出这个要求并做出了手掌朝下的动作，那么，他可能会拒绝你的要求。但是，同样的要求，如果你使用的是手掌向上的手势，他就很有可能会按照你的要求去做。不过，如果你是他的上司，那么手掌朝下的手势似乎并不会对你的要求产生任何消极的作用，因为你本来就有凌驾于他之上的权力。

第三种手势是合掌伸指。即手掌攥拳，伸出一个手指，好像一根大棒，迫使听话的人屈从于他。这样的手势往往会在对方的潜意识中制造出一种负面的影响，因为该手势之后必然会伴随有举臂、挥拳等动作，像大多数灵长类动物一样，这通常是攻击对方的前奏曲。

这种伸出一个手指的姿势，最令人恼火。尤其是当这根手指随着说话人的话语节奏而抖动的时候，对方的反感之意就会变得更加强烈。然而，一不留神，我们在说话的时候就会摆出这样的手势。如果你习惯于这样做，最好多练习一下手掌向上和手掌向下的姿势。这样会营造一种比较缓和的气氛，对别人也能产生较好的效果。

手势中挥舞的语言信号

人们在社会交往中形成了很多具有特定含义的手部动作和手势，作为谈话时辅助说明的姿势。这些手势除了表面的含义外，还隐含了更多的意思。虽然这类手部动作很多，但一般只有明显和有意图的手势传递的信息才有较大的研究价值。

下面，我们将列出一些日常生活与工作中最常见的手势或手部动作，并对他们所代表的语言信号和使用方法展开分析和讨论。

1.紧握双手

紧握双手的动作大致有三种姿势：将双手举至脸部，然后握紧；将手肘支撑在桌子或膝盖上，然后握紧；站立时，双手在小腹前握紧。

最初，由于人们在做这一动作的同时常常都是面带微笑，所以这一动作就被当做了信心的象征。但我们要注意，在做这个动作的时候，无论表情如何，行为者内心都是一种拘谨和焦虑的状态。因为，当人们有消极的情绪时，会将压力转移到手上。并且，根据美国科学家的调查，这一动作如果出现在谈判中，说明此人已经对自己的话题力不从心，开始有挫败感。而且，我们发现，在这一动作中，双手位置的高低与此人心理挫败感的强烈程度有十分密切的关系。换言之，当一个人将两只手抬得很高并且双手紧握的时候，即双手位于身体的中间部位时,要想与他有进一步的沟通就会变得很困难。相比较而言,当他的双手位于身体下部的时候,想要与他交流就会显得更加容易。所以,一旦你发现对方将手放到了"雷区"之中,就需要像破解其它那些消极动作一样,立刻采取行动,用技巧解开原本缠绕在一起的手指。例如,你可以为他们提供饮品,或其它一些可以握在手里的物品。不然,紧握的双手就会和交叉的双臂一样,将你的所有观点和想法全都拒之门外。

2.尖塔形手势

电视中经常看到,老板在和员工围着桌子谈话时,经常会使用一种手势——将一只手的指尖相对应地轻轻接触另一只手的指尖部位,就好像是教堂里高耸的尖塔,这就是典型的"尖塔式"手势。这种手势经常出现在上下级之间的交谈中,而这一手势代表的是一种自信的态度。当上级指导下级,或是在给下级提建议时,通常都会在说话时使用这一手势,以表明上级对下级所提到的内容"全都知道""尽在掌握"的心理态度。

从事会计、律师以及管理者工作的人更是对这一手势情有独钟。自信的高层管理人员经常会使用这一手势,以此体现他们的身份和自信,表现出一副"我都知道""我很在行"的样子。

惯于使用该手势的人有时候还会将它演变为一种祈祷式的手势,试图让自己看起来就像万能的上帝。总体说来,如果你想说服对方，或是赢得他人对你的信心，你就应当尽量避免使用尖塔形手势，因为这一手势有时候会给人造成一种自鸣得意、狂妄自大的感觉。不过，如果你想使自己看起来显得胸有成竹，自信十足，那么尖塔形的手势应该能够帮助你。

一般说来，尖塔形手势分为两种：举起的尖塔，人们通常会在发表自己的观点时使用该手势；放下的尖塔，使用该手势者正在聆听他人的观点和谈话。比较而言，女性更加偏爱使用放下的尖塔手势。举起的尖塔手势如果配以头部微微后仰的动作通常会给人留下傲慢、自大的印象。

虽然尖塔形手势是一种正面的肢体信号，但是它也同样可以用于消极或否定的场景之中，而且通常会被人们误解。如果当你向某人提供问题的解决方案时，对方是在做出其他一些肯定性的手势或动作之后，摆出了尖塔形手势，那么，你大可以放心地继续你的陈述，并且提出"订单要求"。换一种情况而言，如果对方接连做了一些否定性的手势或动作，譬如交叉双臂、跷起二郎腿、东张西望或是用手托住了腮帮，然后才摆出了尖塔形的手势，那么，这就表示他接下来很可能会对你说"不"，从而结束你们的谈话。

在以上两种情况当中，尖塔形手势的含义都相同，都代表信心，但如果对象有所不同，会导致两种截然不同的结果。所以，在这种情况下，尖塔形手势之前的动作和细节才是决定最终结果的关键。

3.托盘式手势

托盘式手势通常是指一只手搭在另一只手上,双手撑住下巴,微微抬头将脸迎向对方。这一动作本身并无任何负面色彩,在向心仪的对象表达爱意时,还能发挥积极的正面效应。使用这一姿势的多为女性,她们通常都是借此来吸引心仪男性的注意力。假如对面的男子颇让自己心动时,女性常常会不由自主地摆出这种姿势,那情形就好像是把自己的脸当成了摆在底座上的精美工艺品,端到了对方的面前,希望他能细细品味。因此,处于恋爱中的男女,多用此种手势,倾慕之意溢于言表。

由于这个手势具有积极的意义,有些人在想讨好某些人,或对其进行恭维时,就会使用这个姿势以示自己对对方关注有加。

4.上扬手势

上扬手势,代表着赞同、满意或鼓舞、号召的意思,有时候也用于打招呼。朋友见面,远远地扬起手:"Hi!""Hello!"说话时手势上扬,最能体现个人风格,表明说话者是个性格开朗、豪放、不拘于形式的人。手举起的高度和此人的心情似乎也有一定的关系。这就是说,将手举到最高处的人难以对付;而将手举得不太高的人则比较好应付。像所有的负面姿势一样,我们必须设法使此人的手指松开,露出手掌。否则,敌对态度将始终保持下去。

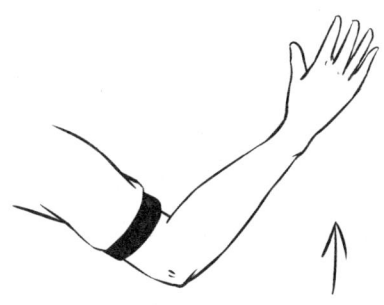

手势上扬代表着一种号召力

5.下劈手势

下劈手势，给人一种泰山压顶、不容置疑之势。使用这种手势的人，一般都高高在上，高傲自负，喜欢以自我为中心。他的观点不容许他人轻易反驳。伴随着这个动作的意思是"就这么办""这事情就这样决定了""不行，我不同意"等等。

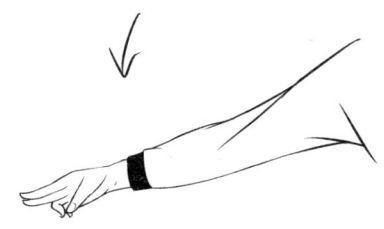

这事情就这么定了

在日常生活中，我们也常遇到一些领导，在讲话时为了强调自己的观点，把手往下劈。每当这个时候，听者最好不要轻易提出相悖的观点，对方一般不会轻易采纳的。平常与同事或朋友三五成群地争论问题，有人为了证明自己的观点而否定别人的观点，也常用这种手势打断别人的话。善于识别这种手势语言，有助于我们为人处世时采取适当的姿态。

6.将手背在身后

英国皇室的一些显要男性成员走路时，习惯于昂首挺胸，双手放在背后，一只手握住另一只手。不仅英国皇室的成员如此，许多国家的皇室成员也是如此。警察巡逻时，校长走过校园时，高级军事人员和有地位的人走路时，也都是如此。这种举动，是在显示他们充满优越感和自信心。

有趣的是，一个人的手在背后握得越高，他的愤怒情绪就越厉害。正是这个姿势产生了一句名言——"紧紧地握住你自己吧。"所以，不妨把自我控制的姿势改变为手握手的姿势，这样你就会产生一种平静、自信的情绪。

巧搓手说巧语

在与人交谈过程中，我们常常看到对方不断地搓手。搓手这种动作究竟表达一种什么样的心理呢？

通常而言，人们用搓手这种身体语言时是在表达一种美好的期望。掷骰子的人用手掌搓骰子，表示期望成为赢家。

从搓手的不同方式也可以看出人们的不同心理。

其一是搓拇指和食指。

搓拇指和指尖或者搓拇指和食指，这个动作通常是用来表示希望得到钱。推销员常常搓着指尖和拇指，对顾客说："我可以给你打六折。"有人搓着拇指和食指对他的朋友说："借给我10块钱吧。"业务人员同客户打交道时，显然应当避免这样的姿势。

其二是双手攥在一起。

乍看起来，这个姿势似乎是表示有信心的，因为人们采取这个姿势时，往往是满面笑容，心情愉快的。然而，有一次，看到一个推销员描述他是怎样失去一笔生意的。我们注意到：他谈着谈着，双手不仅攥在一起，而且手指开始变白，仿佛被焊接在一起。

这个姿势实际上显示出了一种失望或敌对的态度。

谈判专家尼伦伯格和卡列罗对攥手动作进行研究后，得出这样的结论：这是一种失望的表示，反映此人克制着一种消极的态度。

这个手势主要有三种形式：在自己的面前攥手；把攥起的手放在桌子上；如果是坐着，把手放在膝盖上，如果是站着，双手在小腹前握紧。

摩拳擦掌，必有下文

中国有句成语叫"摩拳擦掌"，说的是"摩擦双手"这个动作。它并不是单纯地表达人们摩擦双手取暖的含义，还表达人们内心的一种微妙情绪。

人们在感到寒冷的时候，常常会摩擦手掌和双臂，以获取温暖。可如果不寒冷时，看到有人使用这个动作，就很可能是另外一种意思——期待某事的发生或者成功，而展现出的一种无比期待的心情。

例如，晚会的主持人会一边摩挲着手中的话筒，一边说："现在，让我们请出下一位演讲者，听听他的高见吧！"工作中，一个推销员在经理办公室里，听说自己将接到一宗大订单，摩擦着手掌说"太好了"。不过，在酒吧里，当一位服务生在即将打烊之前走到你的身边，摩挲着手掌，对你说"您还想要点什么吗，先生"的时候，你可不要以为他真如此迫切地想为你服务。事实上，此时他的问话其实是醉翁之意不在酒，他的真正目的是希望你能给他一笔数目可观的小费。

用不同的速度摩擦手掌，还能表达不同的含义。急速地搓动着手掌，表达发出动作者一种跃跃欲试的心情。例如，你在接受一份工作计划后，急速地搓动手掌，就表明你有实施它的愿望，并可能马上就采取行动。而慢慢地搓手掌，则表达发出动作者在遇到有决定性作用的选择时，犹豫不决，或者认为阻力很大，很难实现。例如，当你向业务主管提交一份工作计划后，主管并没有发出任何声音，而是慢慢地搓动着手掌，这就说明主管对这份计划有所质疑，所以在他说话前，你在心理上需要有所准备。

人们摩擦手掌的速度还暗示了他们认为谁会成为此次会谈的受益者。比方说，你想买套房子，便来到了一家房产经纪公司。当你陈述完购房要求之后，房产经纪人一边快速地摩擦手掌，一边说，"太好了，我手头就有一套你想要的房子！"在这里，房产经纪人希望通过这一动作让你知道你将会是这笔买卖中的受益者。试想一下，如果反过来，当他在说这句话的时候，他摩擦手掌的速度十分缓慢，你的感觉会怎样呢？你很可能会觉得他隐瞒了一些事情，有些闪烁其词，或者，你甚至会觉得他希望此次交易的受益者是他自己，而不是你。

握出对方的心思与情意

握手不光是一种交往礼节，当两只不同的手碰在一起时，它还会将感情迅速地传递给对方。

"我接触过的手，虽然无言，却极富有表现性。有的人握手能拒人千里……我握着他们冷冰冰的指头，就像和凛冽的北风握手一样。也有些人的手充满阳光，握着他们的手，感觉温暖。"美国著名的聋盲女作家海伦·凯勒如此形容自己同他人握手的经验。确实，不同的握手方法，对于同一个接受者来说，会产生不同的反应。

一般在握手的时候，握手力度适宜，动作稳重，并注视着对方，表现出自己的精神专注，这说明发出动作者是位个性沉稳、有责任感且可靠、有理性思维的人。在生活中，他总能为人提供建设性意见，并因此得到他人的依赖。

用双手握住别人的手，并轻轻摇摆的人，说明他为人十分热情。或许，有些人并不喜欢这种过于开放的作风，但这种握手方式说明了他心地善良，向对方表现出极度的期盼，渴望与被握手人的关系亲密和缩短两者之间的距离。若他还上下摆动，就说明此人十分乐观，对人生充满希望，他们希望以积极热诚的态度而赢得众人的欢迎。

轻柔相握，一笔带过，在同这类人握手时，会让人感到如清风般轻轻地握了一下。对于这类人，评价他们的最好词语是随和、豁达。他们谦和，态度优雅洒脱，颇有游戏人间的意味。在社交场合上，他们轻松自然，毫不做作。但他们的内心却是十分多疑的，如果有人表现得过于友善，他们的头脑中也会发出警告，并借机观察这个人真正的企图和动机是什么。

握手时双手冰凉，软弱无力，这是人们所谈论的典型的死鱼式握手，握着这样一双冰冷、僵硬无力的手，活脱脱让人感觉像是握着一条死鱼。在世界上,绝大多数的人都会讨厌这种握手方式。人们多会将它同个人的性情冷淡、缺乏责任感等联系起来。这类握手让人感到没有受到应有的尊重、傲慢无理、愚昧无知。虽然并不是每个用这种方式握手的人都具有这样的性格特征,但他们确实留给了人们难以挽回的坏印象。

在同对方握手时,大力紧握,仿佛碎骨似的,令对方疼痛难忍并留下深刻的印象,用此种方式握手的人性格往往具有侵略性,并在对方毫无准备的情况下试图通过手掌的力量给对方一个下马威。同时也表明,这类人精力充沛、自信心强,为人偏于独断专行,但组织能力及领导才能都很突出。

握手时,手掌微微湿润,有这样表现的人,说明他虽然表面上平静、泰然自若,实际上却非常紧张。为了隐藏自己的缺点或恐惧,他将会十分注意自己的姿态、言语或举动,以防止透露自己的真实情绪。

像手心向下的握手一样,僵硬的握手往往为好战分子所青睐。其主要目的是使你保持距离,不要进入他的"亲密地盘"。

捏手指的握手,像僵硬的握手一样,偏离了目标。采取这种方式握手的人错误地捏住对方的手指。虽然这种人可以给对方充满热情的感觉,但事实上,他对自己缺乏信心。像僵硬的握手一样,捏手指握手的主要目的也是为了使对方保持一定的空间距离。

把对方拉得靠近自己，意味着两件事情：第一，此人感到只有在自己的"个人地盘"内才觉得安全；第二，他来自一个"亲密地盘"比较小的文化氛围，已经习惯于如此做。

还有一类人在握手之后，常常握着对方的手久久不放，难分难舍。这种长握不舍型的人一般性格比较开朗，情感丰富，善结交朋友，且对朋友非常重视。当他握住了你的手，也就表明他对成为你的朋友十分感兴趣，希望能与你进一步沟通感情。

作为一种常见的问候方式，握手是一种颇有讲究的社交技巧。在很多情况下，握手更是陌生人之间的第一次身体接触，虽然仅仅是短暂的几秒钟，却立刻暴露出了你的心思和情意，从而决定了别人对你的接受程度，所以我们一定要慎重对待。

权力尽在"掌"握

初次见面的双方，在握手致意的时候，通常能够从握手这一动作中感受到对方传递过来的一些微小的信号，从而对他有了一个初步的印象。同样的，对方在同一时刻也对你做出了初步的评价。评价的依据大致分为以下三种：

强势："他有强烈的控制欲望，并且想将我也纳入他的控制范围。我最好提防着他。"

弱势："我完全可以控制住这个人。他一定会按照我的要求去做的。"

平等:"和这个人在一起,我觉得很舒服。"

以上这些信息全都是我们通过握手这一简单的动作,于无声之中传递给对方的,但是,这却能够对我们会面的结果产生直接影响。

支配性手势是握手时伸出一只手,先握向对方,即手掌向下。这个姿势传达的信息是,发出动作者有强烈的控制欲望。因此,他可能极为强势,希望能掌握彼此之间的控制权。在这一动作中,你并不需要将手掌翻至完全水平朝下的位置,你只要将对方的手稍稍压低,使自己的手掌始终位于其手掌之上就行了。如此一来,对方就会感觉到你希望成为这次会谈中操控全局的人。根据美国某学者对54位成功的高级主管的调查显示,他们不仅会主动跟人握手,而且绝大多数人都使用了支配性握手的方式。

与男性相比,女性对于权力和控制权的欲望显然较弱,而这也许就解释了为何只有1/3的女性会采用这种制造强势效果的握手方式。尽管无论从时尚潮流而言,还是从政治角度上来说,"人人平等"已经成为了这个时代的主流思想,但是,在工作场合使用温柔的握手方式,仍然会遭受其他工作伙伴(包括女性)的轻视。

在严肃的工作环境中,彰显女性特质只会让职场中的女性失去合作者的信任和重视。2001年,阿拉巴马大学的威廉·卓别林开展了一项关于握手的研究，结果发现，强而有力的握手方式多为性格外向的人所采用，而害羞敏感的人则通常不会使用这种握手方式。同时，卓别林还发现，乐于接受新鲜事物和新思想的女性也同样钟情于这种握手方式。不过，这一规律却不适用于男性。因此，假如职场中的女性希望能够赢得较好的声誉和信誉，最好在与他人握手时，尤其当对方为男性的时候，采取强而有力的握手方式。

与制造强势效果的握手方式恰恰相反，如果你在与他人握手时将手掌翻转过来，手心向上，这个姿势传递的信息是，发出动作的人很温顺，容易控制。同时，这还意味着将相处中的优势地位让给了对方，失掉了控制权。

假如你希望让对方掌握控制权，或是想让对方觉得你愿意屈从于他，譬如说，你正在向对方道歉的时候，那么，这种恭顺的握手方法无疑是最好的表达方式了。

虽然我们可以通过手心向上的握手方式表达恭顺、屈从的态度，但是这也并非绝对。正如我们之前曾经提到过的，一个患有关节炎的人出于自身的客观原因，往往会采用一种较为轻柔的握手方法，如此一来，在握手时对方就能轻松地占据优势地位。此外，那些从事的工作对双手有特殊要求的人，例如外科医生、艺术家或音乐家，也会刻意地采用这种轻柔的握手方式，其目的就是为了保护自己的双手。

因此，假如你想对此人有更加准确、更加深入的了解，就必须观察其握手之后的一系列肢体动作,从中获取更多的信息。通常而言,性格恭顺的人其表情和动作往往都会显得比较温和,而一个控制欲望强烈的人其动作和表情则会较为决绝。

当两个强势的人相遇,他们之间的握手无疑将成为一场力量的较量。双方使尽浑身解数,只为压制住对方,占据握手时的有利位置,而结果往往是,两只手就好像平行垂直于地面的两堵墙,紧紧地握在一起。由于双方的手掌均保持垂直于地面的姿势,所以这样的握手方式会给双方带来一种相互平等、互相尊重的感觉。这个姿势传递的消息是,发出动作者很崇尚平等,尊重对方。通常这种手势会在双方之间形成非常融洽的关系,留给彼此较好的印象。

在一些商业技巧培训中,讲师会向学员们演示这些握手技巧及其效应,并且把这些当做一种商业策略传授给学员们。其实,只要稍加练习和应用,这些技巧就能够成为我们生活中的好帮手,使我们与他人的关系发生意想不到的变化。

手臂动作隐藏的语言密码

各种不同的手臂动作,有着不同的含义。尤其是双臂交叉这一动作最常见,表现形式也最多样,因此其表达出的内涵

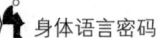

也就最丰富、最耐解读。

当你将双臂交叉抱于胸前，就好比在你与对方之间筑起了一道障碍物，将你不喜欢的人或物统统挡在外边。这种动作在人与人的交流中相当普遍，而且世界各地对这一动作的理解也几乎完全相同：消极、否定或防御。在一些诸如自助餐厅、电梯等公共场所以及众人排队等候的过程中，我们常常会看到彼此陌生的人们在感到不确定或不安全的时候摆出这样的姿势。

在许多人眼里，将双臂交叉抱于胸前已然成了他们的习惯动作，因为这样做让他们觉得很舒服。其实，人的任何一种动作都是与其内心的想法相对应的。也就是说，如果你对某人或某事抱有否定的观点或态度，或者你根本就怀有一种防御自卫的心理，那么，当你将双臂交叉抱于胸前的时候，你就会感觉很舒服、很自在。然而，如果你在与朋友们交谈甚欢的时候摆出同样的姿势，那就会觉得有些别扭了。

除了双臂交叉这一典型常见的动作外，人们的双臂还会根据不同的情境，做出更为世故、繁复的动作，那么，它们的内涵又该如何解释呢？这就需要我们加以仔细的辨别、观察和解析。

日常生活中，我们能观察到的很多亲密动作，也是借由手臂做出的。在公共场合，当一对情侣走在路上，女子用自己的手臂勾住男子的臂弯，就像是在向众人宣告两人的亲密关系，也表明了彼此的占有关系。从表面上看，它是传递一种同行的信号，但暗中也说明了女子对男子略微加以控制的心理，要象征性地展示两个人的关系，或者获得一种关系被确定的安全感。

此外，表示亲密的常用姿势还有拥抱，这里指的是用双臂紧紧抱住对方的上身。由于受到礼节的约束，在成年人的社交世界里，如果不是关系非常亲密或感情十分激动，人们不会做出这种举动。因为被人紧紧地抱着是一种强有力的体触经验，成年人只会用热切的拥抱来表达对友人的友好、喜爱以及对事情的强烈反应。

在另外一些时候，人们并不希望别人看清自己的态度，从而会选择一些较为隐晦的举止来做掩护，不着痕迹地表露自己的情绪。例如部分交叉双臂，这种动作是用一个手臂横过身体，握住或摸着另一臂以形成屏障。在陌生环境下参加社交活动的时候，人们常常也会因为同他人的关系生疏或者缺乏自信而使用这种动作来保持一定距离。

一些隐藏技巧更为高超的人，会用一只手横过身体而握住另一只手臂附近的物品，如手提袋、项链、手表、衣袖等物品。利用这种更轻微的动作，来掩饰自己的不确定或者紧张。

除了上面这些，还有几种常见的手臂动作：

交叠的双臂：在足球场上，当由攻方球员发任意球时，守方的队友将组成人墙，并将手臂轻轻交叠，护住下体。因为在对方发球的威胁下，这个动作能让他们保护住要害，获得安全感。所以，交叠的双臂是紧张、追求安全感的表现。

　　挥动的双臂：在不同的文化中，挥动的双臂有着不同的含义。例如，在地中海文化中，挥动双臂是交谈中的一个辅助动作，用来帮助表达自己的观点；而在一些西方国家，则是表达某人无法自控，很愤怒。

　　打开或后扣的双臂：在电视荧屏上，当将领经过队伍时，会将双臂自然下垂，身体放松，这种姿势是一种自信的表现，说明他们是自在的、坦诚的、无可隐瞒的。偶尔，你还会看到他们将双臂后扣，并将手掌扣在一起，这说明他们很自信，无须别人保护自己。

第五章
腿脚会说话——腿脚是如何泄漏内心秘密的

一般我们在观察人时，习惯第一眼就看对方的表情，其实脸部表情可以修饰，但是很少有人知道该如何伪装双脚的动作。所以，身体语言学家认为，腿部虽然处于人们对话时的视野外，但双脚的摆放和位置在很多情况下能够帮助人们确定自己所面对的人是否诚实、自信或者感到紧张等，无形中就真实地展现出了一个人的情绪、欲求、个性以及人际关系等丰富内涵。

腿部泄露的秘密

在与他人交谈的时候,人们大多会忽略腿脚部位的动作,似乎它们的放置只是一种天然的习惯。其实,在身体语言学中,敏感的腿部恰恰有很多内容值得去探讨。

警匪片中惯见此类的镜头——审讯室里,一边坐着面色严肃的警官,另一边坐着被抓的罪犯,罪犯不发一词,并将双腿交叉。这时,有经验的警官就会注意到罪犯双腿的动作:紧张地夹着,说明他在隐瞒关键的线索,要想让他说话,就必须在他放松警惕,松开双腿的时候,继而转换其他的话题。就这样,腿部动作的变化,对警匪之间的博弈,起到了不可忽视的作用。同样,在生活中,腿部的动作也有各式各样的表现,而它们散播的大量信息,往往是我们未曾注意到的。

在某公司的一次由许多经理和销售人员参加的特别会议上,当公司发言者对经理们的管理水平提出批评时,与会的经理们个个表现得无精打采、无声无息,坐在那里腿脚交叉,懒散发呆,并且显示出种种表示异议和防御性的身体语言信号。但是,十分有趣的是,当这位发言人转了话题,开始讨论经理与推销员的关系时,几乎所有的与会者都振作起来,并将腿的动作变成了一种美国式的腿交叉形式。显然,这些经理此时从内心对发言者的观点有所评价甚至产生了异议。

身体语言学家认为，腿脚可以表达一个人的欲求、个性和人际关系。腿处于人身体的下部，也称为下肢。因为它处于人体下部，人们投射的视线是有限的，这就大大限制了它的行为，但因为它占了身体近一半的面积，所以它的存在又是无可替代的。

脚部是指膝盖以下的部位，包括"胫"与"足"。虽然脚部处于身体的最下端，但是在人们的日常生活中，无论是坐着还是站着，脚部都是容易被看见的，所以脚部动作所传达的信息也容易被对方看到。

因此，如果你揣摩不透对方的心思，拿不准对方是否在欺骗你，不妨低头看看他的双脚，腿脚说话更诚实。

腿脚是如何"说"真话的

在人类的进化过程中，脚部动作主要服务于两种目的：一是向前走以获得食物，二是在遇到危险时逃跑。

由于人类的大脑直接关联着这两种基本目的，走向自己想要的东西和远离自己讨厌的东西，所以人们的双腿和脚部能够显示他们内心的动向。换句话说，通过观察别人的脚部，你就能知道对方到底愿不愿意跟你继续交谈。

双脚的位置在很多情况下能够帮助人们确定自己所面对的人是否诚实、自信或者感到紧张等，这时，最私密的情绪往往呈现在最不引人注意的脚上。

在聊天时，当面对你的人把一只脚藏起来（把一只脚放在另一条腿的后面），就说明他此刻感到很紧张或不安，尽管只是一个无意识的动作却泄露了他内心的真实想法，即使他表面很坦然，但在真实的心境下，他的心态并未感到轻松，甚至十分不舒服。

聊天时把一只脚藏起来表明内心很紧张

身体语言学家认为，一个人摇动脚部，或用脚尖拍打地板所表达的意思与抖腿动作相仿，也表示焦躁不安、不耐烦，或为了摆脱紧张感。人们为什么用足部来表达焦躁不安呢？

原因首先是，在公开的场合或容易受人注目的场所，如果一个人不愿意把内心的焦躁不安明显地表现在脸上，或者不愿意用手或身躯做出大幅度的动作，那就只有用离开他人眼睛最远的、最不显眼的部位——脚部来表达。

人在预感自己要遭遇侵犯或有人要进入自己的势力圈时，如果对此要表示拒绝或不耐烦，往往用足尖拍打地板的动作来预告自己的心情或意向。向这样的人询问或谈问题往往会得到不愉快的结果。脚部动作同腿部一样，也能传达性的含义。

拍腿、扳腿、摸腿的含义

不同的腿脚动作显示不同的心理秘密，下面一一说明。

1.拍打腿部

有时候，你可以看到某人会不断地、有节奏地拍打大腿。其实，他是想说"谈话到此结束吧，我想走了"。例如在医院，这个动作表明某人想要离开医院，但是又担心不礼貌或不合时宜而不能离开。

2.扳动腿部

其具体动作是双腿交叉，两只手紧紧扳起其中一条腿，这一动作被广泛地使用在各种场合。假如有人在你说话的同时，扳起腿部，这表示他对你的谈话未必认同。因为扳起的动作在身体语言中可以被解释为固执。它下意识说的话是

"不要再劝我了,我的身体和想法都一样,是固定的,不会有任何改变"。

3.抚摸腿部

当人们发现对方吸引自己的时候,就会不自觉地抚摸自己的腿部,即表示"你很有魅力,我很想接触你";也表达了想对对方做出同样动作的感受。在通常的社会交往场合,这种动作并不多见,因为它的暗示意味极浓,无论是有意还是无意,它都暗指希望被抚摸或者想抚摸别人的欲望。比如,在流行音乐会中,年轻姑娘们常会抱紧自己,如同希望被她们的偶像紧拥那样。在通常的社交会面中,这种极端的反应并不多见,但其暗示的意味依然存在。

双腿从交叉到分开的玄机

腿部的丰富心理信息,对人际关系和人们之间的亲密程度有一定的提示。例如,双腿从交叉到分开的不同变化,就隐约透露出心态的不同差异。

这个过程,实际上就是人类内心从封闭到开放的转化。当人们的交谈和气氛变得更愉快时,就会舒展身体,放下对他人的戒备。

双腿交叉显示了一个人保守、顺从或是戒备的态度,因

第五章 腿脚会说话——腿脚是如何泄漏内心秘密的

为这种姿势象征着拒绝任何人接近自己的生殖器。

试试一个举动：加入一个相谈甚欢的小群体，确保你不认识其中的任何一个人；让你的双臂和双腿紧紧交叉，并且保持严肃的表情。很快，这个小群体的其他人就会一个接一个地做出双臂和双腿交叉的姿势，直到你这个陌生的参与者离开。然后，你不妨走远一点观察，看看这个群体的人们是如何一个接一个地又重新恢复最初那种开放的身体姿态的。

双腿交叉不仅会传达出消极和戒备的情绪，它还会让一个人显得缺乏安全感，并且引发身边的其他人也相应地做出双腿交叉的动作。

如果一个人双腿从交叉转向叉开，又意味着什么呢？

女人对面前的男人没兴趣，
会把双臂叠放在胸前

女人对面前男人有兴趣，
身体会采取开放的身体

双腿叉开展现出开放或者支配的态度，属于非常典型的男性身体语言，如同展示胯部的站姿。双腿叉开之所以成为典型的男性动作，是因为这个动作能够强调男性的生殖器官，而这一点使得自己显得颇有男子气概。

如果一个女人对面前的男人没兴趣，她就会把双臂叠放在胸前，双腿交叉，并且远离男人的身体，向男人发出"闲人免入"的身体信号。如果她对这个男人有兴趣，则会采取开放的身体姿态。

腿在抖，心也在"抖"

心理学家指出，抖脚是一种防止血液循环停滞的行为。但进行深层的分析时，我们发现，某人不停地抖脚，其实别有用意。从身体和心理关系的分析研究可以得知，身体某一部分的行为可以通过中枢神经传达到脑部而解除精神上的紧张或压力。所以，当一个人抖动脚的时候，也许正是在舒缓某些情绪。

根据心理学家的研究发现，在一个特定的环境下，经常抖动双脚的男人精神紧张的程度很高。他们倾向于借助抖动双脚来疏解压力。所以，在面试等情况下，有的男性就会上身坐直，双手交叉放在腿上，但下半身却悄悄抖动。另外，现实中，对任何事情都追求"完美"的人，因为现实总是达不到他的要求，也会频频抖脚以发泄内心的不甘。

通常，女性在同男性交谈时，若兴致勃勃地面向对方，身体放松，轻轻地抖动脚部，则表明她的心情很放松，也表现出了对对方的话语很感兴趣。假如对方突然转换话题或者说了不合时宜的话，抖动脚部的动作将立即停止。

有时，某个人在与他人谈话的时候，会不停地抖动一只脚或者整个身体都缩坐在椅子上，晃动双脚或者用脚轻轻敲打地面，幅度较大，而眼神也看着地面，或者四处张望。这些都在说明，这个人感到很烦躁、厌烦，甚至厌倦。因为脚是人们逃跑时最先运动的部位，当它不断地进行晃动时，如果不是闲暇无聊，那这个人就是想要离开这里。

人们在心绪不宁的时候，身体也容易抖动。所以，当一个人内心情绪混乱或者有很棘手的问题无法解决时，就会眉头紧皱，不由自主地抖脚。因为他们希望快点思考出问题的解决方案和策略。这种动作通常是下意识的，在生活中很普遍。

说话的时候，有人喜欢用腿或者脚尖使整个腿部颤动，有时候还用脚尖磕打脚尖或者以脚掌拍打地面。无论交谈还是在休息，做这种动作的人都是较自私的人，凡事以自己为中心，占有欲极强。所以，他们在爱情上很容易滋生"醋意"。他们待人吝啬，但善于思考，经常能为他人提出一些意想不到的主意。

心有所思，脚尖有所向

脚尖能够暗示人们不同的潜意识，而最直接的作用就是表现人们感兴趣的方向。因为当一个人上身在自身潜意识的作用下发生偏移的时候，下肢也会跟随着移动，而脚尖也就朝向了最感兴趣的人和事物。

例如在生活中，我们经常可以看到下面的场景：几个朋友一起结伴到餐馆吃饭，桌面上其乐融融，但桌子下面，却有着非常奇特的景观，即大家的脚尖都朝向了其中的一个人。其实，这就告诉他人，这个被指向的人才是人群中的主角。

脚尖的指向可表现人际关系的亲密程度。譬如说，有A、B两人站着谈话。他们的脚尖相对，距离不远，而且基本上在一条直线上。我们就可以从两人脚尖的指向判断出两人关系的亲密程度。如果两人的脚尖构成一个封闭的共有势力范围，不容他人介入，你最好不要走过去打扰他们两人的谈话。

如果A、B两人脚尖的位置呈直角或60°左右，那么这两人的关系不会是很深厚的，因为从A的位置只能看到B的侧脸。

从脚尖所指的方向，我们不仅可以推断出这个人心中的真正想法，而且还可以由此了解到谁才是他（她）最感兴趣的对象。假设此时有一群人（三名男子与一名女子）正在进行热切的交谈，而那三位男士都将自己的脚尖指向了对面的女子，通过这一简单的无声信号，便表明了在场的三名男子都对这名女子很感兴趣。而如果该女子继续留在这一群体当中做一名听众，并且从一开始时两脚并拢（中立的态度）的姿势，慢慢转化为将一只脚的脚尖悄悄指向三名男子中的某一位，毫无疑问，她脚尖指向的一定是让她最感兴趣的那名男子。

脚尖朝里，有"刹车"作用。谁要是走路呈内"八"字形，上身就可能完全是打开的，但是在迈出了第一步以后，他就把自己封闭起来了。我们在这里看到的是一个犹豫不决的人，他处于停滞和前进的冲突之间。

作为脚尖行为的演化，伸长的脚也具有类似的含义。例如，在两个异性之间交谈的过程中，如果男性将一只脚伸向女性，以使两者之间的距离缩短，就表明男性对女性有好感，甚至想表达求爱的意思；相反，如果男性在站立的姿势下，脚向后缩，表明想拉远与交谈对象的距离，因为这个人让他感到乏味，没有共同话题。

哪里"逃"？脚尖告诉你

在肢体行为语言的研究中，德国心理学家保罗·巴尔特斯认为，人们往往会注重对肢体行为的观察，而忽略了对肢体末梢的注意，但一个人肢体末梢的变化更能准确地透露出一个人的心理。比如，当一个人从背后和他人打招呼时，如果对方并没有转动脚的方向，只是略微转了一下身回应了一下，说明这个人并没有停下来准备继续交谈的意思。也就是说，当一个人的内心打算接纳对方时，他一定会做出与其心意相对的肢体行为。而在这方面，脚部的变化是最为突出和明显的。

无论是正式的社会活动中，还是在一般性的交往中，一个人脚部所做出的动作往往更能准确地反映出他的心理意图。例如两个人正在聊天，聊得好像还很投缘，但假若一个人突然或是逐渐地将他的双脚从面对对方的这一侧移开了，就说明这个人对谈话内容发生了某种心理上的变化，或是不想再继续听下去了，或者是对方在谈话中无意说错了什么引起了他的不满。如果仔细观察就会发现，这时想离开那个人的一只脚会向一侧略微移动一下，而其脚尖也会指向他所要离开的方向。这就是一种明显的心理变化，而做出这种脚部动作的人说明在其心理上产生了逃跑的意图。可以说，了解了这些心理上的微妙变化，在职场或是生意场、社交场合中，往往能够避免一些尴尬局面的出现。

另有一种脚部行为值得注意，那就是当一只脚出现了背离重心的现象，这时候表明，这个人的心情是处于兴奋或是感到舒适的状态中。这种现象在生活或工作中可以说比比皆是，例如一个人站在那里打电话，如果他听到的是让他感到开心和高兴的事情，他就会将一只脚的脚跟着地而脚尖向上翘。也就是说，这种跷起脚尖的行为就是一种心情愉悦的表达。

还有一种不同意义的背离重心的表现，那就是起步逃跑行为的准备动作。这种行为如果发生在站立时，其表现可能会明显一些，因为当一个人在预备起跑的时候，通常都要翘起站在后面的那只脚的脚跟，脚尖点地，将重心全部转移到站在前面的那只脚上，同时与这些相伴而生的还有上身的略微前倾。在与人交往中，一旦发现对方做出了这种预备逃跑的姿势时，就说明他另外有事情要去办或是对对方的谈话失去了兴致，正打算寻找机会逃离当时的所处之地。

锁脚，为心加把"锁"

锁脚属于典型的封闭式动作的一种，这样的动作容易增加自己和他人之间的对立，无法协调好自身的情绪。根据观察专家们的分析，人们在压抑紧张情绪或消极情绪的时候会锁脚。例如，很多面试的人和在医院中候诊的病人具有这样的动作，这正表现了他们内心的恐慌害怕，或者对事情缺乏把握。他们想控制消极思维外流、控制感情、控制紧张情绪时，通常会选择这种动作。做出这种动作的人，往往也比较沉默寡言，轻易不会说什么。若想化解这样的情绪，需要通过积极的言语，引导对方逐渐放松，从而打开他的脚踝。

而这个行为本身所表达的防御含义，通常会在女性身上体现出来，女性多采用这种行为表达对男性的抵触。假如你遇到了一位寡言冷漠的女性，她对你毫无兴趣，甚至心生厌恶，她也会在你面前做出这样的行为；不过，如果你遇到的是一位面色红润、见人羞怯的女性，那她做出这样的动作多半是因为与你不熟悉，害怕受到陌生人的伤害。这时，你可以利用主动攀谈的方式来化解她内心的紧张，从而发起交谈。

此外，锁住脚踝还是一种在做决定时左右为难、犹豫不决的信号。如果在交谈中，看到对方将脚踝锁在一起，这就证明他在思考的过程中遇到了困难，无法立刻做出决定。一旦遇到这样的信号，你就应当向他提出一些探查性的问题，帮助他改变这种行为，积极做出回应。实际上，从对方的角度看，这是他自我控制的一种表现，虽然他内心在犹豫，但不方便说出口，于是就会锁住脚踝，以避免自己轻易做出决定。

当然，也有人做出这样的行为仅仅是因为感到很舒适自在，但关键是这一行为有积极和消极之分。尽管你做锁脚的动作自己会感到很舒服，但是它向外界传递的信号却是消极的，从而会对你的沟通和人际交流产生负面的影响。所以，我们应当尽量避免使用诸如锁脚这一类的消极身体语言。

第六章
真相藏在姿势里——典型姿势语言全揭秘

走姿、坐姿、站姿等身体姿势一般反映的是一个人对自己和他人的看法，这些生活中看似简单的身体姿势，很能显示出一个人的基本精神风貌。除此之外，它还蕴含了一些个性信息。在某些情况下，甚至能作为我们了解他人的一个途径。所以，要了解某个人，不妨从熟悉其身姿开始。

步伐急促的走姿

步伐急促的人性情急躁，或许是由于腿短的原因所致。不过，走得快的话，心情自然较为急迫。"先悲而后泣，后泣而先悲"，悲与泣是有因果关系的。

步伐急促的人，他们不管有事还是无事，不管办事的地点是远还是近，即使他们有的是时间，走路时仍旧急急匆匆，双脚交替得特别快，仿佛总是有急事。

性情急躁的人步伐急促

这类人的时间观念比较强，遵守时间，在他们眼里，浪费时间就是在慢性自杀，做事讲求效率，从不拖泥带水。因此这类人是典型的行动主义者,他们大多精力充沛,适应能力特别强,敢于面对现实生活中的各种挑战。

如果你的员工里有这样的人,无论怎样劝说,他都会按照自己的思维方式做事,一定让你十分气愤。对于这种人,应该努力发现他们的优点,他们适应能力特别强,凡事讲求效率,从不拖泥带水等。如果你让他给你完成某工作(不要带威胁的口气),他一定会在最短的时间里使你满意。

他们的另一个特点是敢于承担责任。因此,很多人愿把他们作为可靠的朋友,其实就算把"终身"委托于他们也一定不会错。

这样的人适合做市场销售,性格偏于执着,自己认准的事情,就一定要做到底,不会回头,并且不听其他人的建议,早年与中年运势好,晚年偏于操心,导致身体差。

步伐平缓的走姿

走路时步伐缓慢稳健、步速步幅均匀,总是一副慢吞吞的样子,你无论说得如何着急他都不在乎。

这种人情绪稳定,生活和工作较有规律,注重现实,是典型的现实主义派。

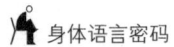 身体语言密码

性情平和的人步伐缓慢

他们凡事讲求稳重,"三思而后行",绝不好高骛远,"癞蛤蟆想吃天鹅肉"的情况绝对不会发生在这种人身上。

如果他们在事业上得到提拔和重视的话,也许并不是他们有什么"后台",而是他们那种务实的精神给自己创造的条件。

这类人的观点是"眼见为实",因此他们一般不轻易相信别人,不知道这是他们的优点还是弱点。但把他们作为朋友一定相当不错,因为他们特别重信义、守承诺,沉稳可靠,是可以信赖的人。不过要是你属于经常撒谎的人,最好别和他们来往。

步伐方正的走姿

习惯踱方步的人,性格是非常稳重的,不论遇到什么

事，他们都能保持清醒的头脑。他们不希望被任何带有感情色彩的东西左右了自己的判断力和分析力。

这种人在别人面前，常以有理性和自控能力而受到别人的尊重。他们对此欣然接受，但不露声色，是一个部门中的稳健派。他们平时做事非常小心，言谈举止都尽量保持温文尔雅，绝对不想让别人觉得他粗俗不堪。

但有时他们也觉得累，为了保持自己的尊严，很难在人前笑口常开。绝不流露感情，哪怕是一点点，他们也绝不允许。这是他们的准则。

这类人对自己的身体形态进行严格控制，虽然受别人敬畏，可他们在一人独处时却感到压抑。因为这种人涉世极深，对人情世故有深刻的了解。

在和别人交际方面，这种人表现的与他们本人一样四平八稳，始终坚持点到为止，避免使自己陷入太深的境地，不能自拔。任何事件引起再强烈的震动，也不会使他的情绪受到影响，看起来就像一个冷血动物。所以他们从未露出热情奔放的一面。

这种人最相信的一句真理是君子之交淡如水。别人很难察觉到他们在情感世界生活得如此之苦，家庭也仅仅是他们稳重面孔的一个装饰。但他们还是对自己的事业乐此不疲。他们唯一的快乐，就是沉浸在事业的成功中。

步伐散碎的走姿

对于用碎步行走的人，要想观察他们的隐秘内心是很困难的。他们的生活方式是兔子式的，躲躲藏藏，行为乖戾，从不外露。也就是说，只能从他们细微的外在行为中，了解他们、观察他们。抓住他们的每一个跳跃性行为，才能阐释其性格特征。

从这些人走路的姿态上看得出，他们很腼腆，不合群，说话的声音并不浑厚，甚至是尖厉。

他们为自己的这些女性特征而感到羞愧，所以很难出入社交场合，给人的感觉总是郁郁寡欢。

这种人在生活上相当克制自己，有时带有残酷性。不允许别人走进自己的生活。喜欢整洁，对自己周边的事物会很细心地打理。

他们在衣着方面不偏不倚，从不突出自己的个性。从不试着打入别人的圈子，同时，也不允许别人走进自己的内心世界。除非这个人非常了解自己或有同样的生活习性。

在性格方面，他们有一个显著的特点，那就是习惯了用某种方式去做一切事情时，即使有干扰也不会轻易改变。

当他们一旦发觉有人引起自己的反感时，会一直讨厌那个人，即使环境如何改变，或者对方如何改变自己的态度，他们都会坚持自己的看法。

在友情上,这种人只有为数不多的朋友,而且都是相识很长一段时间的朋友,因为他们不是那种随便结交朋友的人。

对自己所要结交的人会进行仔细观察,他们担心别人会不尊重自己,甚至会在言语上伤害自己,所以他们希望对方和自己有着共同的情趣和嗜好,然后才决定对方是否可以成为自己的朋友。

很多不了解他们的人,认为他们过于保守、偏激、愤世嫉俗,而且还在一定程度上孤芳自赏,但他们自己很清楚,其实他们不过想守着一些别人不能理解的原则做一个真实的自我而已。

如果一个男性用这种方式行走,那么就会被认定为带有女性化,这对一个男人来讲是相当糟糕的。

左腿交叠右腿的坐姿

每个人在坐着时都会呈现出不同的行为姿势,有的人喜欢双腿并拢,而有的人喜欢两腿交叠,有的人喜欢双腿分开,如此等等。那么,这不同的坐姿又反映了各自怎样的心理呢?

落座时左腿搭右腿,双手交叉放于大腿两侧。

这类人通常有较强的自信心,坚信自己对某件事情的看法。即便与别人存在分歧,也不会轻易受到别人的影响。

他们天资聪颖，工作努力刻苦，总是能尽自己的最大努力去实现理想，遇到困难，想尽一切办法去解决，绝对不轻易向困难低头。虽然有这种"胜不骄、败不馁"的品性，但当他们完全沉醉在成功的幸福之中时，也难免会忘记周围人的感受，甚至有得意忘形之举。

他们协调能力很强，有领导的才能和欲望，他们周围的人也都心甘情愿被其领导。不过这种人性情不专一，比较容易见异思迁，"这山看着那山高"。

右腿交叠左腿的坐姿

落座时右腿交叠在左腿上，两小腿靠拢，双手交叉放在腿上。

这种人给人第一感觉非常和蔼可亲，很容易让人接近。其实不然，在别人找他谈话或办事时，他们总喜欢摆架子，一副爱答不理的神情，甚至会让你觉得很尴尬，以至于你不得不反思自己曾经做出的判断。

他们不仅个性冷漠，而且心机很重，对亲人、对朋友，他们总要向人炫耀他们自以为是的各种心计，很多时候都聪明反被聪明误，以致周围的人都认为他们是心理不健全的那一类人。

这种人做事没有耐心,总是三心二意,也不能全力以赴、脚踏实地去认真完成。并且他们还经常向人宣传他们的"一心二用"理论。自然,他们的习惯更适合于在月球上生活。

两腿并拢手放腿侧的坐姿

落座时两腿及两脚跟并拢靠在一起,双手交叉放于大腿两侧。

这种人为人古板,从不愿接受别人的意见,有时候明知你说的是对的,但他们仍然不肯低下自己的脑袋。

他们明显缺乏耐心,有时候哪怕是只有十分钟的短会,他们也时常显得极度厌烦,甚至反感。

这种人凡事都想做得尽善尽美,干的却又是一些可望而不可及的事情。他们爱夸夸其谈,而缺少求实的精神,所以说,他们总是失败。虽然这种人为人执拗,不过大多富于想象。说不定他们只是经常走错门路,如果在艺术领域里发挥自己的潜能,或许会做得更好。

他们对于爱情或婚姻也都比较挑剔,你会认为他们是考虑慎重,但其实不然,应该说是他们的性格决定了这一切,他们找"对象"是用自己构想的"模型"如郑人买履般寻觅,这肯定是不现实的做法。而一旦谈成恋爱,则大多数都倾向于速战速决,因为他们的理念是中国传统型的"早结婚,早生贵子早享福"。

两腿分开两脚并拢的坐姿

落座时大腿分开,两脚跟并拢,两手习惯于放在肚脐部位。

这种男人很有男子汉的坚毅气概,有勇气,也有果断力。他们一旦决定了某件事情,就会立即去付诸行动。在爱情方面,他们一旦对某人产生好感,就会去积极主动地表明自己的意向,不过他们的独占欲望相当强,动不动就会干涉自己恋人的生活,时常遭到对方的讨厌。

落座时大腿分开,两脚跟并拢,两手习惯于放于肚脐部位的人有决断力

他们属于好战型的人，敢于不断追求新生事物，也敢于承担社会责任。这类人当领导的权威来源于他们的气魄，其实很多人并不真心地尊重他们，只是被他们那种无形的力量威慑而已，从另一个角度来说，他们不会成为处理人际关系的"老手"。

如果生活给他们带来什么压力的话，他们一定能够泰然处之，但当他们遇到比较棘手的人际关系问题时，他们多半会束手无策。

两腿分开两手放开的坐姿

落座时两腿分开距离较宽，两手没有固定搁放处，呈现一种开放的姿势。

这种人喜欢追求新奇，偶尔成为引导都市消费潮流的"先驱"。他们对于普通人做的事不会满足，总是想做一些其他人不能做的事，或许不如说他们喜欢标新立异。

这种人平常总是笑容可掬，最喜欢和人接触，而他们的人缘也确实颇佳，因为他们不在乎别人对自己的批评，这是很难得的。从这方面来说，他们很适合于做类似社会活动家的工作。

不过这类人的日常行为举止着实让人不敢恭维，或许很

多这种类型的人还没有认识到他们的轻浮给其家庭和个人带来的烦恼，这只能说他们还没有遇到这一天。

标准立正的站姿

站姿与坐姿一样，是由一个人的修养、教育、性格和人生经历决定的，所以它无不反映出一个人的心理和性格。

身体语言学家拍摄了大量影像资料，经过反复研究分析，通过观察人们不同的简单站立动作，能捕捉到丰富的信息符号。

每个人都有自己习惯的站立姿势，不同的站姿可以显示出一个人的性格特征，对其精神和心态都有集中的体现。

标准立正的站姿是较为正式的姿势，两脚并拢，自然站立，不表达任何去留的倾向，但多展现服从的情绪。例如，学校的学生们在跟老师说话时，公司的下级跟上级汇报工作时，均常采用这个姿势。

经常使用此类站姿的人，一般性格比较温和，不容易对他人说"不"。在工作中，他们踏实但缺乏开拓和创新精神。每当开会时，他们还会利用同样的姿势表示"不置可否"。他们容易满足，且不争强好胜，只是在感情上有些急躁。

双手叉腰的站姿

双腿平行、双手叉腰的站姿,是表现"胸有成竹"的自信式身体语言。

不同的人在不同的场合都会做出两手叉腰的动作。例如,小孩子向父母辩解时,运动员等待比赛开始时,拳击手期待下一回合开打时,等等。当男人的领地被其他男性闯入时,他们也会用这样的姿势向入侵者发起无声的挑战。在以上所有场合,人们做出的双手叉腰的动作都是一种世界通用的身体姿势,它传递出随时准备发起攻击的信号,让当事人浑身上下都笼罩着微妙的攻击性气息。

站立时双腿平行、双手叉腰,显示自己"胸有成竹"

双手叉腰的姿势能够让我们占据更大的空间,同时往外凸出的手肘就像武器一样,可以起到威慑他人的作用,阻止其他人靠近或者穿行于自己的领地。这样的姿势显示出对战斗准备就绪的状态,牛仔们在枪战中就经常使用这一姿势。哪怕只是单手叉腰的动作,也仍旧会十分明显地传递出攻击性的讯息,特别是当弯曲的手肘指向攻击对象时。

当我们看到一个人两手叉腰的时候,应该结合具体情境以及他在此之前的身体语言,来进行综合考量,这样才能保证我们对他的态度做出准确的判断。某人如果是在衣服紧扣着的状态下做出两手叉腰的动作,那么这个动作所显示的态度主要是一种挫败感;相反,如果衣服是敞开的,他在叉腰的时候还把衣服下摆拉到了臀部,那么这就是明显的挑衅态度,因为他把自己的前胸完全暴露出来,以此显示自己毫不畏惧的心理。如果他把两脚均匀地分开,挺拔地站着,或者叉腰的双手握成拳头,那么身体语言所传达的攻击性气息就更加浓烈了。

双脚站立左手插兜的站姿

站立时双脚自然站立,左脚在前,左手习惯于放在裤兜里。

这种人的人际关系较为协调,他们从来不给别人出什么难题,为人敦厚笃实。

如果让这类人与客户建立关系,他们时常是先站在客户的立场替客户着想,帮助他们分析利弊,这在人情味重的东方国度里,往往会收到神奇的效果,纵使现在的社会到处充斥着商场如战场的不友好而又正常的气氛。

这种人平常喜欢安静的环境,找一两个知己叙旧或者摆弄一下棋盘,给人的第一印象总是斯斯文文的,不过一旦他们碰上比较气愤的事,他们也会暴跳如雷。

对于男女关系的问题,他们有一种大彻大悟的体会,"男人不必为女人活着,女人也不必为男人活着"。他们最讨厌把感情建立在金钱上,也最不愿听到别人说他们是为了某种目的而与某人交往。

两脚并拢手放身后的站姿

站立时两脚并拢或自然站立,双手背在身后。

一般情况下,这种类型的人与别人相处得比较融洽,可能很大的原因是由于他们很少对别人说"不"。人的感情往往受一种潜意识的支配,都愿意听到别人对自己的赞美,而这种人生来就是学这套的。

他们在工作中不会有什么开拓和创新,踏实到毫无反对意见的地步。他们不是"拍马屁"的高手,甚至他们不知道该怎样去"拍马屁",但他们却经常拍到"马屁",应该说是他

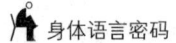

们运气很好。

他们的快乐来源于他们对生活的知足,而不愿与人争斗的个性既带给他们愉快,也带给他们烦恼。

这种人大多在感情上比较急躁,经常看到他们爱一个人爱得轰轰烈烈,也经常听到他们发誓不嫁(娶)人,如果让他们去经受爱情的长期考验,八九不离十,他们要成为爱情的逃兵。

两脚平行手抱胸前的站姿

站立时双手交叉抱于胸前,两脚平行站立。

这种人的叛逆性很强,时常忽视别人的存在,具有强烈的挑战和攻击意识。

站立时双手交叉抱于胸前,两脚平行站立的人叛逆性很强

第六章 真相藏在姿势里——典型姿势语言全揭秘

我们经常在电影、电视里看到这种姿势，因为他们对对方不屑一顾；我们也经常在周围的人群中看到这种姿势，因为他们正在向对方显示自己不可一世的气魄。这就是这种人的本性，他们很会保护自己，不管遇上何种情况，都喜欢打抱不平，因为他们骨子里流的就是好斗的血。

在工作中，他们不会因传统的束缚而绑住手脚，即使手脚被绑，他们会用牙齿咬断这根绳索，如果嘴被封住，他们会不断地用鼻孔出粗气，显示有他们的存在。这种人的创造能力比其他类型的人发挥得更淋漓尽致，这并不是因为他们比其他人聪明，而是他们比其他人更敢于表现自己。

双脚站立手放腹前的站姿

站立时双脚自然站立，偶尔抖动一下双腿，双手十指相扣放在腹前，大拇指相互搓动。

这种人的表现欲望特别强，喜欢在公共场合大出风头。如果什么地方要举行游行示威，走在最前面、扛着大旗的多数就是这种人。

他们大都争强好胜，容不下别人。倘若大家都说太阳是圆的，他们可能会说是方的，如若大家都说是方的，这种人可能会问大家："太阳怎么会是方的呢？"他们不是愚蠢，他们

聪明得很，大家都不能办到的事，他们仍旧会坚持。

虽然这种人喜欢出入于社交场合，其实他们的人际关系很差。以至于他们不得不把"静坐常思自己过，闲谈莫论他人非"作为座右铭挂在墙上。虽然他们敢作敢当的行为能够改变自身的坏形象，但仍然免不了不合群。

第七章
小习惯大秘密——小心习惯动作出卖了你

习惯是人们一天天逐渐形成的,它有着极强的稳定性,想要一下子改变过来,一时之间很难办到。心理学家莱恩曾说过:"人们日常做出的各种行为习惯,实际反映了客观情况与他们性格间的一种特殊的对应变化关系。"习惯性动作带有很浓厚的个性色彩,这对于我们知人,识人以及客观评价一个人具有重要的参考价值。

细察习惯，识破人心

　　一个人的所思所想和性格特征都能在举手投足、点头微笑等明显的身体语言中暴露无遗，我们了解他人、识别人心也往往从此着手。然而人们日常生活中的一些习惯性行为或举止细节却在不经间泄漏了自己内心的秘密，展示着自己的性情。

　　通过对一个人的一些习惯性的细微动作的辨析，可以帮助我们观察并轻松地认知对方。下面是两种从细微习惯中识破人心的策略。

　　一是从小习惯识破人心。

　　一个人的性格特点及一个人的本性往往会通过自身的一些细小习惯，如举止、表情等流露出来。例如：

　　那些举止简洁、眼神锋利、情绪易冲动的人，往往性格急躁。

　　那些直率热情，活泼好动、反应迅速，喜欢交往的人，往往性格开朗。

　　那些表情细腻，眼神稳定，举止注意分寸的人，往往性格稳重。

　　那些好为人师，喜欢对人指手划脚的人，往往骄傲自负。

　　那些懂礼貌、讲信义，实事求是、心平气和、尊重别人

第七章 小习惯大秘密——小心习惯动作出卖了你

的人,往往谦虚谨慎。

对于这些不同性格的对象,一定要具体分析,区别对待。

对于一些小习惯,我们不应被其表象所迷惑,而应洞悉其行为的内在本质。例如:

认为什么事都很简单的人,看起来很能干,其实真正做起来,却困难重重,没法办到。

处理事情风风火火的人,看起来很有效率,其实会使事情越弄越糟。

轻易地许诺他人的要求,看起来很爽快,其实很难实现自己的诺言,最后成为一个不守信用的人。

二是从小变化看破人心。

从小小的变化,可以体察到被认知者的实际心理活动,是看破人心者必须学会的能力。

在美国有个有远见的妇女做了件聪明的事情。一天,这位妇女突然取出了自己在某银行的所有存款,几天之后,这家银行倒闭了。很多人都十分纳闷她到底是怎样猜到的。后来这位妇女说:在不久前的一次聚会上,她见到这家银行的总经理。她发现这位老板服饰讲究,连指甲都经过高级美容店的精心修整。她当即感到,自己的存款有化为乌有的危险,因为一个事业心很强的男子是不会花费这么多精力和钱财来修饰自己的。这个妇女从小处识人的本领确实不同一般。

尽管是小小的变化,里面一定隐藏着使之发生变化的力量，在看人上其作用力就是人的内心世界，而使内心世界发生变化的原因，又是生活的现实问题。那个妇女就学会了这一看人本领，所以她避免了损失。

七大吃相，你是哪一相

俗话说，"吃有吃相"，一个人吃饭的习惯动作和身体语言可以反映他的性格特征。

1.将食物分割成若干小块，然后一点一点慢慢地吃

这样的人，多是比较传统和保守的，他们为人处世都比较小心和谨慎，不会轻易得罪人，在很多时候都充当好好先生，保持中立。这一类型的人由于缺少冒险精神，所以在事业上所取得的成就不是很大。他们在很多时候比较机智和圆滑，有自己的主张，不会轻易接受他人的建议，但又不会表现得太过于明显。

2.吃东西讲究程序化，总是一项一项地全部做到位以后，才坐下来慢慢地吃

这一类型的人思想多是相当缜密的，一件事情，他们总是会花很多的时间去考虑，把前前后后、左左右右凡是可能出现的问题都想清楚，并做出了适当的应对方法以后，才会动手去做。由于挑食所致，他们的身体可能不会很强壮，但头脑和

智慧却是足够用的。他们习惯于凡事先做好准备，而害怕有意外的事情突然发生，如果不这样，他们就会感到措手不及，不知该如何是好。

3.饭量很小，吃一点就放下碗筷不吃

多是比较传统和保守的。他们的一举一动都非常小心和谨慎，总是不断努力处好与他人之间的关系。他们为避免风险，凡事喜欢墨守成规，按照旧方法去完成。这类人做事稳妥有余，但冲劲不足，所以说他们不适合创业，只适合守业。

4.狼吞虎咽，风卷残雪，三下五除二一顿饭就吃完了

这样的人大多有较旺盛的精力，他们的性情很坦率和豪爽，待人真诚、热情，做事干脆、果断，自我意识比较强，有些时候常常自以为是，而听不见他人的规劝。他们有很强的竞争心理和进取精神，绝不会轻而易举地就向谁妥协和认输，总是要与对方拼上一拼，搏上一搏。

5.吃东西的速度极慢，总是细嚼慢咽

他们在为人处世方面多是相当重视过程的，过程和结果两者之间，常常是过程会给他们带来更大的快乐和满足。他们做事周密、严谨，一般时候不会打无把握之仗。他们比较挑剔，对人、对己要求都比较严格，有时甚至达到苛刻、残酷的程度。

6.吃东西不知道加以节制，看到喜欢的就一定要吃个够

这一类型的人，性格大多比较豪爽和耿直，他们有很好

的人际关系，具有一定的组织能力，能使自己的周围经常团结着许多人。他们不懂得也不会掩饰自己的情绪，喜怒哀乐往往全部写在脸上，让人一目了然。

7.从来不喜欢和他人一起进餐，而乐于自己一个人静静地吃

这样的人大多性格比较孤僻，有些自命清高和孤芳自赏。他们比较坚强，做事也很稳重，具有一定的责任心，能保持言行的相对一致，做到言必信、行必果。一般来说，他们在很多时候都能让自己的上司和亲人、朋友感到满意。

喝酒十态，你属于哪一态

有道是"酒中不语真君子"，然而在酒精的作用之下，你是什么样的人，早已经在喝酒之后"一丝不挂"了，让人看得清楚明白。

三巡酒罢，四两白酒下肚，人就脱下了伪装，所谓的潜意识则表露出来，这时候，看的是酒品。

1.举杯小抿者

文雅之士，对任何事物都喜欢细细品味，这类人做事往往小心谨慎，擅长谋定而后动，缺点不够迅猛，往往容易因思虑过多，举棋不定而错失最佳机会。

2.大碗饮酒者

豪爽之人，此类人做事则雷厉风行，擅长先发制人，缺点是不够细致，容易发力过猛。

3.喜欢独酌者

此类人性格较为慢热，不太擅长参加人多的社交场合。

喜爱敬酒者，此类人性格外向开朗，热爱交友，有强烈展示自己的欲望。

4.酒后酣睡型

性格随和大度，容易相处，对现状满意，生活较为一帆风顺。

5.酒后郁闷型

心思往往十分细腻，容易把生活上的不快记在心头，经历相对坎坷。

6.酒后愉悦型

这类人性格开朗外向，热爱交友，热爱生活，对未来总是充满着信心。

7.面带微笑喝酒者

酒品即人品，看淡世事，唯以微笑回应，从容淡薄，品着绵柔的酒香，微微的笑散发着精致的生活气息。跟他在一起总是会觉得舒服和温暖，有一种自然的坦荡的气质。

8.喝醉酒后变得爱哭爱笑，脾气暴躁者

大都具有谨慎且神经质的性格。酒后常以半开玩笑的方式数落自己的上司或说上司闲话,其中多少含有真心话。这些人在酒醒时大多温文儒雅,酒醉时则判若两人。他们在日常生活、工作中,大多是对长辈和上司的命令言听计从,做事一丝不苟,属于认真踏实的人。正因为如此,压抑于内心的不满亦较一般人更为强烈。

9.无论何种场合都不会喝醉者

大都具有自我防御性格,并极力避免与人深交,这种类型的人善于隐藏自己的真情,即使喝了酒,也不愿"吐真言"。在人际关系的交往中,他们只满足于泛泛之交,没有真正的知心朋友。稍有醉意,便滔滔不绝地大放厥词,习惯以自我为中心,自吹自擂,不仅对自己的欲求不满,并有强烈的表现欲。

10.完全不理会他人猛灌酒者

大都属于外向型性格或极端神经质的特质,不过这种人有自知之明且懂得量力而为。相反地,会一点一滴慢慢品酒的人,大多属于内向性格。

十五种类型的吸烟者

心理学家认为,抽烟的习惯和动作,是一个人处理各种生活压力、表达喜怒哀乐及各种感情的重要表现。因此,仔细观察一个人的抽烟习惯和动作,便可窥见其性格和心理。

吸烟时，有人姿态优雅，有人急慌慌，有人并不急于满足烟瘾，只为了加入吸烟一族的行列。吸烟的动机各有不同，身体语言也因人而异，因此可以从中窥见瘾君子的"烟品"及性格。

1.把大拇指放在嘴边吸烟的人

他们意志较为坚强，富有独立性，也较为自负，讨厌别人对他发号施令，无论什么问题，若自己不发表一点意见，就会觉得不对劲。这种人最受不了无所事事地坐在角落，最喜欢在人群中忙碌地穿梭。

2.敞开手指拿烟的人

这是敏感而细心的人，这种人情绪相当不稳定，非常任性，因为爱逞强，所以不太容易亲近别人，实际上却是随和又喜欢人群的人。他们平时吸烟不是这种姿势，只有在心情不佳或精神紧张时才会这么做。

3.用指尖夹烟的人

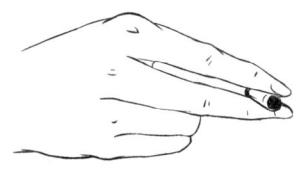

用指尖夹烟的人做事总会为别人留有余地

他们性格温和，做事总会为别人留有余地，对于各种问题多半抱着消极的态度。这种人心地善良，不喜欢冒险，做起事来总要选一条安全而可靠的道路走。不过，他们很会体贴别人，尽管是区区小事，也会全神贯注地去处理。

4.用指腹夹烟的人

用指腹夹烟的人个人感觉良好

这种类型的人为人踏实，是毫不含糊且可以信任的人。虽然表面看来和善老实，较为保守，但有时会出乎意料地大干一场。这种人对于自己的生活方式很满意，富有自信，能靠自己的力量切实地完成分内的工作。

5.抽烟时手掌向外的人

这种属于跟谁都能谈得来的人，只要独处一会儿，就会忍受不了，十分喜欢和各式各样的人接触。

6.略扬起头以嘴角抽烟的人

这种人对自己的工作具有信心，可能成为某项专业的专家。不过，处事过于勉强又自视过高，通常与同事格格不入,即使发生纠纷或失败,也具有突破难关的冲劲,将来有发展。

7.抽烟时伸直拇指顶住下巴的人

这种人具有强烈的阳刚气,不服输。对于工作上的竞争更有热情。对困难的工作具有挑战心。前途有望,属于高级管理人员。

8.喜欢抿着下唇抽烟的人

这种人性格稳定,具有适应性,不会引人注目。处事虽非轰轰烈烈却很少失败,能按部就班地努力前进而获得成功。此类人进公司一两年内,很少有发挥自我才能的机会,三四年后才渐渐受到上司的信赖。不过,这种人欠缺工作主动性。

9.毫不在意烟灰过长的人

开会或工作时不少人会忘了弹掉烟灰,这时通常是正在思考。如果平常都是这样的抽法,多半是对自己失去信心、身体状况不佳或感到自卑的人。

10.啃咬烟嘴的人

这种人被称为自虐型的人,当单位发生问题后,很容易把一切责任归罪在自己身上。虽然有一定办事能力却操之过急,阻碍了个人的发展。

11.只是抽口湿润的人

这种人大多是情绪起伏不定、易热易冷的性格。往往会因异性问题发生纠纷,形成工作上最大的阻碍。

12. 嘴上叼着烟工作的人

这是对自己的工作带有自信或繁忙的象征，这种动作常见于记者或律师。如果自己的能力没有受到旁人的认可，他们会强烈反抗或意志消沉。工作的失败与成功呈两极化。

13. 抽烟抽到接近吸口的人

这种人是处心积虑、猜疑心强，极少暴露真心的孤独型。处理金钱虽不至吝啬却会遭受误解。由于从思考到实践有一段颇长的距离，因而常错失良机。

14. 急速吸烟的人

这种人比较性急、易怒，对人的好恶明显。这种人多尝试各式各样的工作，比只做同一件工作更能获得成功，他们也经常对两个以上的工作感兴趣。

15. 吸烟时两眼会不停眨动的人

这种人比较机警，难以亲近。

驾车习惯展现个人脾性

如果把车子视为一个人肢体的延伸，那么驾车的方法，就是肢体语言的机械化身。一个人在方向盘后的举动，反映出他每天的心情与态度。因此，通过观察一个人驾车的习惯动作，可以判断他的性情和为人。

1.按规定速度开车

对这类人而言,开车不过是带他们去要去的地方,而不是一种真正快乐或刺激的经验。他们守法,尽自己应尽的义务,通常以平稳、容易控制的速度开车。他们做任何事情都是中庸的态度,即使有很大的把握,也不会骤然冒险。他们为人可靠,不马虎,可能很适合在政府机关上班。

2.行车速度比规定速度慢

坐在方向盘后面令他们觉得害怕,觉得无法操纵一切。他们总是避免把东西放在自己手里,只要有人授权给他们,他们立刻把权限缩至最小。他们嫉妒有人不断超越自己。而他们胆小怕事的个性也令家人、朋友失望。

3.超速行驶

这类人不会受制于任何人。他们很积极,而且憎恨权势。他们不允许他人为他们设限,如果有人企图这么做,他们会找出极端而且可能很危险的方法,来维护自己的独立自主。他们的父母和老师很有可能都十分严格,开快车是他们发泄心中怒气的唯一方法。

4.大声按喇叭

在现实生活中,这类人喜欢尖叫、大喊、发脾气。在马路上,他们则使劲按喇叭。他们对挫折的应变能力极差,经常觉得受到别人的威胁。他们通常以一连串的高声谩骂,来表达心中的焦虑和不安,发怒的程度完全和刺激他们生气的原因不相符。他们做事无效率、无能力，即使哪儿也没去，也总是显得匆匆忙忙。

5.不换档

这类人希望所有事情都安排得好好的。他们比较喜欢寻找自己的生活方式，即使有时候这么做遭遇的困难比较多，他们也很少向他人请教。没有人告诉他们该往何处去，可能常常是他们告诉别人该怎么做。他们是实践家，凭直觉行事而且喜欢把事情揽在自己身上。绿灯一亮，抢先往前冲。凡事比别人抢先一步是他们生存的方式，他们喜欢胜利的感觉，因为他们不想被烙上"失败者"的标记。他们已经学会积极，有竞争力。

6.绿灯亮后，最后发动车

这类人认为这样很安全，有保障，用不着和他人争吵，他们让别人挤破头去拿第一。他们早已学到，只要不锋芒毕露，就不会遭人拒绝或被人伤害，他们把这个观念也用在其他地方。让他人先走，就不必和人竞争了。

7.习惯坐后座

他人的成就令这类人有被威胁之感，因为他们害怕自己想贡献心力时，不为他人所信任与接受。他们喜欢别人依赖自己，希望别人在做决定之前，先来问问他们的意见。他们需要一再证明自己的重要性。

打电话小习惯中的秘密

利用电话进行人际关系的交流，已经是现代人不可或缺的沟通方式。我们可以从一些打电话的小习惯中归纳出人的心理。

1.一心二用型

与人通电话的同时并进行一些琐碎的工作，如擦桌椅、整理文具等。这种人富进取心，爱惜光阴，分秒必争。

2.悠闲舒适型

通电话时舒服地坐着或躺着，一派悠闲自得。这种人生性沉稳镇定，泰山崩于前而色不改。

3.以笔代指型

习惯用铅笔或圆珠笔代替手指去拨号码的人，性格急躁，经常处于紧张状态，不让自己有片刻的休息。

4.电线绕指型

一边打电话时一边玩电话线的人，生性豁达

打电话时不停地玩弄电话线的人，生性豁达，玩世不恭，天塌下来当棉被盖，知足地乐天知命。

5.边走边谈型

通电话时从不定在同一地方，喜欢绕着室内踱步的人，好奇心重，喜欢新鲜事物，讨厌任何刻板的工作。

6.以肩代手型

习惯把听筒夹在头和肩之间的人，生性谨慎，对任何事情必先考虑周详才做出决定，极少犯错。

7.信手涂鸦型

边与人讲电话时，边在纸张上信笔乱画的人，具有艺术才能和气质，想像力丰富但不切实际。天性乐观的个性，使他们经常可以轻易渡过一切困难。

8.紧抓话筒型

通电话时紧紧握住话筒的人，生性外圆内方，表面看似怯懦温驯，实则个性坚毅，一旦下定决心，绝不轻易改变。

9.平淡无奇型

无特殊习惯，一切动作均出于自然，这种人生性友善，有自信心，对自己的生活操控自如，能屈能伸。

浓妆淡抹女人心

"女为悦己者容"，随着人们生活水平的提高和经济的迅速发展，越来越多的女性投身于化妆队伍之列。而且，由于高科技的神通，让一些女人的相貌更加失真。但是万变不离其宗，无论女人如何刻意地给自己化妆，她们的真实性格也是无法掩饰或深藏不露的，相反的是欲盖弥彰，化妆反而更能凸显她们的性格。

1.喜欢浓妆的女人

这样的女人表现欲望非常强烈。她们不辞辛苦地将各种化学药剂喷洒在自己的脸上，并忍受痛苦用各式工具修饰五官，为的是用一种极端的方式吸引他人的目光，而异性的欣赏往往使她们心甜如蜜。前卫和开放是她们的思想特征，她们对一些大胆和偏激的行为保持赞赏的态度。她们真诚、热忱，一些恶意的指责并不能使她们受多大的伤害，她们对他人依然会很尊重。

2.喜欢淡妆的女人

这样的女人大多没有太强的表现欲望，希望最好谁也别发现她们。她们只要求能过得去，简单地涂抹一下使自己不至于特别难看就行。她们大多属于聪明和智慧的类型，不会将时间和精力都耗费在梳妆台前；往往有着自己的设想，而且敢打敢拼，所以较多能获得成功；拥有秘而不宣的秘密，甚至会珍藏一生也不向他人透露；最希望的是别人尊重她们，对她们的难言之隐给予支持和理解。

3.喜欢化自然妆的女人

比较传统和保守的女人喜欢这种妆容，她们思想单纯，同情心和正义感都很强，但不够坚强，在挫折和打击面前会变得软弱。她们为人很真诚，从不会被别人看成是有不良动机的女人。

4.从小就开始化妆的女人

这样的女人会将自小养成的那套化妆理论和方法，延续到成年，甚至中年和老年。其实这是一种怀旧心理在作祟，美好的过去让她们回味无穷，忘记现实中的烦恼和不如意，但她们依然保持头脑清醒，不会沉迷其中而忘记现实。她们讲究实际，会极力把握住现在的所有。她们热情善良，善解人意，拥有很多可以推心置腹的朋友。

5.会把自己绝大部分时间都花费在化妆上的女人

这样的女人为了完成自己的目标不惜花费巨大代价，任何事情都追求尽善尽美，属于典型的完美主义者。她们倾尽所有也要使自己的容貌达到自己满意的程度。最主要的是她们对自己的才智和财力都有十足的把握，而唯一放心不下的是自己的外貌，为了成为一块无瑕美玉，只好不停地审视自己，用化妆来掩饰不足，结果却适得其反。

6.在化妆的时候特别着意某一处的女人

这样的女人通常对自己有相当清楚的认识，对自己的优点和缺点知道得一清二楚，善于扬长避短。她们对自己充满了信心，坚信付出就会有回报，所以会脚踏实地地为自己的目标而奋斗。她们讲究实际，注重现实，不会沉湎于虚无缥缈的幻想之中。她们遇事镇静沉着，对事情的判断坚决果断，但不能纵观全局的弱点往往使她们收获甚微。

7.喜欢化怪妆的女人

这样的女人眼皮周围或是黑乎乎的，或是蓝幽幽的；嘴唇也是有时黑，有时红，有时大嘴巴，有时小嘴巴；脸如猴屁股一样红。喜欢化如此怪妆的女人把这种妆当成宣泄感情的一种方式。她们通常具有强烈的反抗心理，主要是自小受到家庭的溺爱，总是要求说一不二，但现实生活每每与她们的愿望相悖，所以用一些非常规的思想和行为与社会分庭抗争，但往往是失败多于成功。

8.不喜欢化妆的女人

唐代诗人李白的佳句"清水出芙蓉，天然去雕饰"，是对她们最恰当和形象的比喻，而这种出自大自然之手的美往往会给人一种耳目一新的感觉。她们不从表面上看问题，会静心地探究事物的实质，看人也是用自己的眼光去剖析。

小心！下意识动作会出卖你

人虽然是理性动物，但却不能完全控制自己的下意识动作。一般来说，一个人有意识的动作，多出自表演、自耀的目的；与之相反，无意识的动作却是发自自然、出自天性的。正因为如此，通过一个人某些无意识的动作，可以知晓他内心很多真实的想法或情绪状态。

人的无意识动作与神经的类型有关。我们在观察这种类型的人时，与其看他们的体格，倒不如以他们强烈的感受来分析他们的性格来得妥当。由于他们强烈的感受性，对于自己身边的事情，都有非常敏感的反应，因此常有留意周围人动静的习惯。

一般情况下，我们常常通过手足活动来表露感情。有时，人们即便隐藏了面部表情，还是很容易引起指尖和脚的活动，将体态活动变为频繁的局部活动，即把感情所表露出的张力转换成了活动量，而所有这些活动都是在无意识的状态中进行的。

就像我们面对外国人时，假使不能以语言充分表达思想，通常也会借助手脚来表情达意。

在众人面前演讲时，有时情绪一紧张，人们也会自然而然地比手划脚，或者开始扭动麦克风线。

在彼此信息交流最旺盛的时候，频频出现弹指、搔鼻、拭脸等与交谈内容无关的动作时，表示该动作发出者并没有认真倾听对方的说话，其心理上已经出现了障碍。很多时候，这种下意识的动作，是表示厌恶对方的一种无言的信号。

比如当你去朋友家做客时，虽然主人依旧和你像往常那样天南地北地神侃，但是如果你发现他不停地弹烟灰或者用手指像弹钢琴般地轻敲椅子扶手，或者不时移动一下桌子上的东西，那么，此时你最好站起来告辞。因为其表情虽然热忱，但他手发出的那些无意识动作已然在无意中告诉你了，他开始感到心烦意乱，提醒你该走了。

第八章

身随心动，妙不可言——空间位置中的语言玄机

生活中的每个人似乎都在努力为自己争得一席独立、舒适、满意的个人空间和位置。而在争取这种个人私属领地的过程中，身体朝向及与他人的距离远近、对峙角度等无不透露着个人的态度好恶，体现双方关系的亲疏远近，折射出耐人寻味的心灵信息。

不可擅闯的私人领地

上下班高峰，电梯和地铁那狭小的空间里，像沙丁鱼似的密密匝匝挤着很多人。身体相触碰的尴尬感受，很多人都曾亲身体验。这里可谓是人们最容易发生小摩擦的地方，一不小心就会打起口水战甚至拳脚相向。而人们之所以会对紧贴着自己的人感到反感，是因为我们每个人都有自己专属的个人空间，它仿佛是一个便携式的大气泡，无形地环绕着人们的身体。不管我们走到哪里，这个"气泡"以内的空间就是我们的个人空间。当这个空间被侵犯，任何人都无法保持自在和淡定。

拥有属于自己的一席之地是我们内心最深处的渴望之一，正是这种渴望让我们获得了我们所需要的个人空间。审讯员在审问罪犯时，常常采用入侵个人空间的技巧来摧垮犯人的抵抗心理。他们让犯人坐在硬邦邦且没有扶手的椅子上，让他身处空荡荡的房间中央，并不断地接近他的私密空间甚至是特别私密的空间，直到他肯老老实实回答问题为止。通常情况下，犯人们都会难以忍受私密空间被人侵犯的折磨，很快就会放弃抵抗。

一个人所拥有的房屋和他经常使用的空间，共同构成了

第八章　身随心动，妙不可言——空间位置中的语言玄机

他的私有领地。在这些领地遭受入侵的时候，他会为了捍卫它们而战。家、办公室、汽车，都代表着一个人的私有领地，人们会用墙、铁门、栅栏、户门之类的东西明确划分领地的边缘。在这些地方，常常可以看到比较明显的个人标签。倘若你独占一个办公桌，为了避免他人使用，你会用私人物品占据桌面的位置。例如，日历、个人照片、小毛绒玩具、小盆的仙人掌、写满字迹的便利贴等，表示主人的存在。假如你是同其他人共用一个办公桌，两个人都有可能会将自己的物品延伸到对方的空间，此时的个人领地标识就更为必要，而选用小物品来确认两人之间的边界是常见的招数。

家庭作为私人生活的地点，是个人领地标识最明显的地方，不可随便乱闯。即便是朋友，出于礼貌，也应在主人的引导下参观室内的空间，而不可随处走动。尤其家庭中的卧室是最为私密的地点，属于绝对的个人领域，万不可造次乱闯。

每一个领地的内部也会被分为若干个小领地。比如，家庭中的某个成员可能会将厨房视为自己的专属领地，在他使用厨房时不允许任何其他成员进入厨房；也许咖啡馆的某个顾客会特别青睐墙角的那个席位；家里的妈妈或者爸爸也会有自己最喜欢的某把椅子；公司里的某个商务人士可能会对会议室的某个座位特别偏爱，而将它视为自己的专属空间，等等。所有这些区域要么就是人们所拥有的财产，要么就是人们常常使用的空间。

由于社交、公共场合的个人边界显现得并不明显，人们会用各种方式来表现自己对空间的所有权。选择具有私人性质的小物品，如书本、衣服、雨伞、背包等，都将是展示个人领地的常用方法。在大众的观念中，私人物品就代表了私人空间，没有经过同意不能随便碰触。所以，即使再小的东西，也能起到标识个人领地的作用。比如，咖啡馆的那位顾客为了充分占有自己喜爱的座位，甚至会在桌面上刻上自己名字的大写字母；公司的那位商务人士为了标记属于自己的座位，会用文件夹、钢笔、书、衣服等东西堆满那个半径46厘米的私密空间……凡此种种，都是在暗示你：这是我的个人空间，请勿擅闯。

"正中间法则"

当一个人在陌生人群中寻找属于自己的空间时，比如寻找电影院或者会议桌旁的座位、健身俱乐部里的毛巾挂钩之类，他的行动是有规律可循的：这个人一般都会先往比较宽敞的区域看，然后选择正中间的那个位置作为自己的空间。

具体而言，如果是在电影院，他会在坐得离自己最近的一位观众与排尾之间的区域寻找位置，最后在两点之间的正中落座。如果是在健身俱乐部，他会在空毛巾挂钩最多的区域寻找位置，然后选择挂在空毛巾架的正中间，与两旁被他人使用的挂钩保持相同的距离；也可能他会像在电影院找座位那样，选择位于毛巾架顶头和最近一个他人的毛巾挂钩正中间的位置。

这种保持距离的礼节是为了避免因为靠别人过近或者过远而冒犯别人。可以试想一下，如果你在电影院中，没有选择位于排尾与邻近观众的正中间的位置，那位相邻的观众心里可能就会有想法；而如果你离他太远，他会怀疑你是不是讨厌他这个人；一旦你离他太近，他又会有受到胁迫的感觉。因此，坚持"正中间法则"这一礼仪，就是为了维持人与人之间融洽的气氛。不过，对大多数人来说，这一行为准则似乎还需要我们多加练习。

赴宴时，细心的人会观察到，尊重个人空间是不成文的规矩，所以餐厅会把盐、胡椒粉、糖、花以及其他一切桌上的物品都仔细地摆放在桌子正中间的那条线上，这样，每位顾客的座位都能得到平等的待遇。个人空间的大小都一样，取放佐料的距离也基本相等。如果在宴会进行过程中，有人试着悄悄地把盐瓶挪到一个同伴的身边，然后再把胡椒粉、花之类的东西也挪过去。不久，这位午宴同伴就会产生个人空间遭到入侵的微妙反应。他要么就会坐得离桌子远一点以便重新获得属于自己的个人空间，要么就会把面前的东西都放回桌子中央。

只有在公共卫生间里，这个保持距离的"正中间法则"

才会出现特例。我们发现人们在进入公共卫生间时，90%的时候都是直奔最尽头的厕位；如果那个厕位被占用了，人们才会使用"正中间法则"。

不得不忍受的"零距离"

或许你非常讨厌拥挤的地铁、电梯、公交车，但你却很难避免生活中这样的场所。在上班高峰期的交通工具里，每个上班族都不得不忍受个人空间的被侵犯。他们通常对这种环境不置一词，面无表情，实际上却在内心积累了不满、紧张和烦躁。如果有人触碰或者在言语上影响到他们，很可能会爆发一场吵闹和争斗。可是，在人们周围，的确有一些"零距离"接触你不得不容忍。

最经常碰到的是在拥挤的电梯中，几乎没人会想到距离的定义和价值，因为它完全打乱了人们关于空间距离中的所有规则。陌生人离你太近了，甚至碰触到了你的身体，这时你会感到紧张不安，即使是很短的乘坐距离，都会令你喘不上气来。同样，其他人的感觉也是如此。所以，在电梯中，轻易不要做出什么举动，否则你的身体可能会对他人构成胁迫感。最好的方法是看着门或楼层，而不是用眼睛观看周围的人，因为在陌生人之间，如此近距离的眼神，会让人感到被侵犯。也别表现出太多的表情，以免敏感之人"对号入座"，从而心生不满。

而从小到大，相信每个人都有过不得不接受医生碰触的经历，尤其要检查比较私密的地方，例如胸部或下身这些代表个人隐私的地方时，我们都会感到很窘迫、尴尬，甚至勃然大怒。因为这些隐私区域只对关系至亲的人没有禁忌，其他人的触摸无疑会引起强烈的反感。

此外，在一些高级的社交场合，比如跳华尔兹或者其他舞蹈的时候，人与人之间的距离缩短至10厘米左右，这也很容易让众多女性感到紧张和不适。可这是种必要的礼节，就像欧美人见面时亲吻脸庞一样，大家心中已然达成共识了，所以就算你一下子不适应，那也不能我行我素。

可见，在特定的场合，每个人都需要适度地调整与他人的距离，而不可能完全按照自身的意愿和身体规则办事，毕竟，人是具有社会性的。

公共空间里的"集体伪装"

在拥挤的音乐会、电影院，或者火车、汽车里，个人的私密空间不可避免地要被他人入侵，人们在这个时候的反应可谓五花八门。下面我们就将列出人们在拥挤环境中的反应，这可能发生在满载乘客的电梯里，也可能发生在三明治店前排着长龙的队伍里，或者发生在其他各类公共交通工具上。而且这些列出的反应，在大部分国家的文化背景里都是通用的，可以说是已经成为了不成文的法则。

以下是乘坐电梯时的通行法则：

避免和别人的目光相接触；

一直盯着电梯层数的变化；

不跟任何人说话，包括自己认识的人；

保持一本正经的表情，脸上不泄露任何情绪；

如果手上拿着一本书或者一份报纸，就假装看得全神贯注；

乘电梯时假装看报是避免被打扰

在人数众多的拥挤人群里，身体保持一动不动。

只要人们企图掩饰自己的真实情绪，他们就会带上一副毫无表情的面具，不让别人窥探自己的内心。这些行为是一种"伪装",而且经常在各种场合发生。常常有人说,在上下班高峰期的公共交通工具里,上班族的脸上写满了"痛苦""不快"和"沮丧",这些标签都是用来形容上班族面无表情的脸。可是很多人都不知道,他们对这些表情产生了误读,我们真正看到的是人们的集体伪装。

下次自己一个人去拥挤的电影院看电影时,你不妨仔细体会一下自己的反应。当你的座位周围充斥着陌生人的脸庞时,好好感受一下自己是怎样遵从了上述不成文的法则。你会发现自己就像一个被预设好程序的机器人一般,在拥挤的公共环境里带上了自己伪装的面具。而当你和身边的陌生人无声地争夺座椅扶手时,想必你一定会理解那些独自看电影的人为什么总是要等到灯光熄灭电影开场时才落座。

其实,不管是在拥挤的电梯、电影院还是公交车里,当别人无意中入侵我们的个人空间时,我们都可以把他们当做是透明的——也就是说,只要我们不在意、不关心这些人的存在,我们的身体就不会进入紧张的防御状态。

"高"者生存吗

科学研究早就以客观真实的数据证实了身高的确与个人成就息息相关。在当今社会中,个子高的人往往会比个子矮的人更加健康、长寿，而且在事业上所取得的成就也更大。

另一方面，你的个子越矮，你发言时会被其他人打断的可能性就越大。有一位女性经理，身高大约1.55米，在一家男性占绝对统治地位的会计事务所里工作。她经常抱怨说自己在管理会议上的发言总是不断地被其他同事所打断。因此，她几乎从来没有试过一口气将她的观点陈述完毕，甚至就连痛快地说完一句完整的话都做不到。

对此，专家们为她提供一些策略：她可以在即将发言之前站起来，走向咖啡桌；当她取完咖啡回到桌边准备发言时，首先不要急于坐下，而是继续保持站立的姿势，直到她的观点陈述或发言完毕。当她这样做了之后，使用这一策略前后情况的巨大差异让她感到万分惊讶。虽然她不能每次都使用这一"咖啡策略"，但是通过这一策略，却让她意识到了一点：仅仅对个人高度所做的一些小小的调整，就已经足够让她获得更多的权威性和可信度了。

我们还注意到，大多数最高管理者的身高都比其他人要高出许多。据调查和统计显示，若以各公司员工的平均身高为标准，其管理者无论男女，身高每增加一英寸，他们的收入就会增加近400英镑。专家们在美国开展的同类型调查结果也显示，个人的经济收入与他们的身高有密切的关系：在华尔街工作的人，他们的身高每增加一英寸，收入也就在其行业收入底线的基础上相应地增长了340英镑。此外，那些在政府工作和

第八章 身随心动，妙不可言——空间位置中的语言玄机

在大学工作的人身上也发现了相同的关联。而在此之前，人们一直认为，在这些地方工作，个人职位的升迁都是建立在工作能力和平等的基础上，而非个人的身高。

一项美国研究显示，在美国各个公司当中，个子高的人不仅能够得到最好的工作，而且从一开始他拿到的薪水就高于那些职位相当而个子较矮的人。至于那些身高超过1.9米的人，他们拿到的薪水则比身高低于1.85米的人还要高出12%。

看来，这真是个"高"者生存的时代。

高度与身份之间的比例奥妙

所谓"人往高处走，水往低处流"，人们都有一种普遍的心理——向"上"的强烈愿望。

现实生活中，人们向"上"的心理渴求随处可见。比如，一些领导者讲话时，总是喜欢站在高于群众的某个位置上，法庭上高高在上的法官看起来永远都是那么威严而不可侵犯，奥运会上最高的那个领奖台永远都属于这个项目的冠军运动员，而获得银牌和铜牌的选手则永远都只能仰视冠军，甚至于那些西方国家的自由主义者在向熙熙攘攘的人群发表激情四溢的演说时，也喜欢站在一个破纸箱或一块石头上，以彰显自己的突出和高大。

站在石头上演讲以彰显自己的突出和高大

当然,最能体现高度与地位关系,也最让人忍俊不禁、印象深刻的画面,当属"二战"爆发不久后卓别林拍摄的影片《大独裁者》中的一幕了。影片中,希特勒和墨索里尼这两个大独裁者同时来到一家理发店理发。当两人在理发椅上坐定后,理发师开始为他们剃胡子。此时,两位大独裁者都想向对方显示自己才是法西斯的最高主宰。于是,两人开始了让旁观者哭笑不得的"暗战"。由于此时的两人脸上都被涂满了肥皂沫,且被围布紧紧地束缚在椅子上了,因此两人能证明自己比对方更强大的方式只剩下一个了:看谁把自己的椅子升得更高。于是,这两个家伙就开始拼命地拉高自己的椅子。

故事画面固然滑稽可笑,但确实向我们说明了这样一个道理:高度和身份、地位之间,有着非常紧密的联系和玄妙的比例。很多情况下,无论是动物还是人,都喜欢用高度抢占自

第八章 身随心动，妙不可言——空间位置中的语言玄机

己的统治地位。而几乎所有的人都知道，站立的发言姿势对获取谈话控制权具有相当重要的作用。

长久以来，挺直或弯曲身体的做法一直就是人们用来建立上下级关系的一种方法。当我们在提到皇室成员时，常常会用到"阁下""殿下"等词语；而当我们在谈论那些言行令人不悦的人时，使用的词语往往就变成了"粗俗""卑贱"和"下等生活"等。相信谁都不希望别人说自己"鼠目寸光"，更不愿意被其他人"看不起"，或是在人前"低人一等"。为了吸引观众的注意，演说者大都会选择站在高人一等的演讲台上发表激情四射的演讲。在有些国家的文化当中，人类社会常常被分成"上层社会"和"下层社会"两个阶层。

那些位高权重，或表现出色的人时常会摆出一副"傲慢不可一世的样子"，并"从容不迫地应对"所有人或事。他们会以一种"俯视"的眼光打量着周遭的一切，或是用一种"趾高气扬"的态度来评估身边的人或事。神话传说中，没有哪位自命不凡的神灵会住在偏僻的荒野里，更不会屈尊降贵地选择山谷或盐沼为自己的栖息之所。通常，那些神灵们都住在像瓦尔哈拉殿堂，或奥林波斯山上那种远离人间烟火、高高在上的天堂圣地。

假如你想检测一下高度与威信之间的关系，那么你可以找一个朋友来完成以下测试。首先，你躺在地上，让你的朋友笔直地站在你的身旁，此时你们俩之间的高度差就达到了最大

值。接着，你让你的朋友用最大的声音、最严厉的表情来训斥你、谴责你。之后，你们俩交换位置，你站着，他躺下；然后，再让他以同样的态度重复之前斥责你的话语和动作。这时候，你会发现，他不仅会觉得这样做异常困难，而且就连他的声音也发生了变化，根本无法再像刚才那样理直气壮。这一次，他完全缺乏底气和应有的威信。

有趣的是，某些时间和场合，放低自己的身体却是优越的信号。比如在别人家中，如果你悠闲地躺在沙发上，身体放得很低，而主人却站在一旁。这种在别人的地盘毫无拘束的行为，实则是在向主人表示自己的优势地位，或者说是你因为身份尊贵而对他所表现出来的那种不屑一顾的态度，这无疑是很不礼貌的。

所以，对身份地位与高度之间关系的理解，应该随时间、地点以及条件的变化而变化，具体情况具体分析，切不可"一刀切"。

小技巧让你"高人一等"

实际生活中，身高差距将会对你与他人的关系产生非常重大的影响。但是，有时候，决定一个人身高和权威的不是我们的眼睛，而是感觉。

如果你生来就身材矮小，也不必因此而烦恼，只要略施小技，你仍然可以成功地压制住高个子试图以身高优势胁迫你的企图。如果你是一名女性，对你而言，熟练掌握这些技巧就显得更加重要了；因为就平均值而言，女性的身高比男性约矮5厘米。

最简单、最易操作的方法就是，你可以通过改变座椅的高度来达到"高人一等"的目的。比如，你可以让个子高的人坐在稍矮的座椅上，这时他的身高自然也就随之降低了。想象一下，当一位身材超级魁梧的彪形大汉窝坐在低矮的沙发上时，其原来站立时的威慑力怎么能不变小呢？

另一种同样可以起到均衡双方势力作用的小技巧，就是选择坐在桌子的另一端。这正如聊天时别人坐在自己的办公室里，而唯独你一人站在门口时所产生的那种力量的均衡关系一样。

此外，在公共场所进行聊天，譬如说在酒吧或人群中，或是在汽车和飞机上，同样也能扼制他人的身高优势。如果有人在你面前表现得极其傲慢，或是当你坐着时，他却直挺挺地站在你身边，你大可以站起来，走向窗边，并且在与他继续谈话的同时将视线投向窗外，并且摆出一副若有所思的样子，仿佛在思考某些重要问题。只要你不看他，高个子们就无法对你使用身高攻势。

而身材矮小的女性完全可以通过穿着深色的服装或细条纹的西服或女性套装，以及更加温和透明的妆容（女性）和大号的手表来增加自己在他人眼中的视觉高度。如此一来，当其他人回忆起你的时候，脑海里就会浮现出一个"高个"的形象。现实生活当中，许多人常常会忽略手表的作用，可事实上，手表的规格越小，佩戴人在他人眼中的体型也就显得越小。

最后，不要忘了强硬自信的言行也能帮助你缩小与对方之间的身高差距，并且能让你看起来"更加高大"，从而在那些试图以身高压迫你的人当中"脱颖而出"。而基于因果效应的作用，昂首挺胸的站姿、笔直的坐姿，以及"理直气壮"的行走方式，都是可以帮助你塑造自信外形的好方法。一旦你这样做了，你会发现自信心就会在不知不觉中由内而外包围你。

此外，增加自己的知识储备，巧用其他工具，尽量让自己站着，减少目光接触等，都是一些能使自己显得更高的小策略，我们要学会因时因地巧妙运用。

身体角度大有玄机

我们通常喜欢面对自己愿意接近的人和事物，而避免把视线对准我们所排斥的对象。在这个过程中，许多人以为自己只是把视线挪开了，而实际上他们的身体在下意识中也转移了角度。如此一来，对于我们的好恶，旁观者就一目了然了。可见，人们是善于利用身体角度表达出排斥之意的。

第八章 身随心动，妙不可言——空间位置中的语言玄机

当三个人开始聊天时，他们可能会采取开放性的三角式站立姿势。有些时候，随着话题的深入或转移，这三人中的其中两个会慢慢地越走越近，最终在他们之间形成一个封闭式的空间，将那剩下的一个人排除在谈话之外。如果一旦出现这样的情况，那在场的第三个人应该很快意识到，自己最明智的选择就是迅速离开，以免自讨没趣，甚至导致尴尬局面的发生。

反之，如果是另外一种情况，即有一个第三者想加入到另外两人的谈话当中，而那两个人选择的是封闭性的站立姿势。那么，除非那两人都将身体朝同一方向转动一定的角度，在两人之间形成一个三角形的对话模式，不然，这个第三者就永远都无法融入其中。

那位想加入的第三者唯一的办法就是将凳子搬到另外两人的前方，尝试着在三人之间形成一个三角式的对话框。或者做点什么吸引他们的注意力，打破两人之间的封闭空间。

当然，如果那两个人并不想让第三个人加入到自己的谈话当中，他们就会继续保持封闭性的站立姿势。或者仅仅将头转过来，以此告诉他已经注意到了他的存在，不过仅此而已，他们并不想与他有任何深入的交流。通常在这个时候，那两个人的脸上很有可能会同时浮现出紧闭双唇式的微笑，以便于更到位地传达出排斥感，让人识趣地知难而退。

此外，就坐时，我们的身体角度也一样大有玄机，能传

达出排斥或邀请的意向。如果两个人坐着交谈,其中一人将自己两条腿的膝盖交叠在一起,并同时指向另一个人,这是一种对对方感兴趣或愿意接受此人的身体信号。如果对方对你也产生了兴趣,那么他就会做出同样的动作来回应。随着两人谈话内容的逐渐深入,他们的动作和表情也会渐趋一致,变得对称起来。渐渐地,交谈双方之间就形成了一种封闭性的就座方式,将其他所有人都排除在他们的谈话之外。

在刚开始接触这些有关身体方向和角度的技巧时,你可能会感觉有些别扭,甚至会有一些困难,但是只要稍加练习,不用多久,你就能非常熟练自如地运用它们了。

在你每天与他人进行日常交往的时候,脚尖和身体的指向,以及一些带有积极效应的身体动作,譬如说张开双臂、摊开手掌、身体前倾、头微侧和微笑等,不仅能让其他人对你"一见钟情",而且,渐渐地你还会发现它们还会让你的见解越来越有影响力。

亲密的 0° 谈话

当两个人想表现得很亲密时,他们就会将身体角度由其它角度改变成 0°,即采用正面相向的姿势朝向对方。当男人或女人想让对方将注意力全部集中在自己身上的时候,他们也

第八章 身随心动，妙不可言——空间位置中的语言玄机

往往会采用这样的站立姿势。

在其他向异性表达好感的情境中，为了让自己的言行发挥最大的功效，人们通常也会选择这样的交流姿势。通常而言，男子在采取这样的交流姿势之余，还会尝试着进入到对方的亲密范围之内，从而拉近两人间的距离。而作为女性，如果她想对对方的做法表示认同，那她需要做的仅仅是将身体转动一定的角度，表示愿意让对方进入到自己的安全距离之内。当两人以这种封闭性位置进行交流时，他们之间的距离通常都会比开放性位置更小。

除了表达爱意之外，封闭性位置还能够让双方看清楚对方的所有动作和表情。而如果双方对彼此都感兴趣的话，这样的交流姿势还能增进彼此之间眼神的交流。此外，两个对彼此都充满了敌意的人，也可以用这样的交流姿势来向对方发出挑战。

研究表明，男性普遍害怕来自前方的攻击，所以他们往往更加提防从前方接近自己的人或物。而另一方面，让女性感到害怕的通常是来自后方的袭击，所以她们常常会十分警惕那些从后方接近自己的人或物。

因此，当你与男性同行时，一定不要站在他的前方，因为他会把你的这一动作当成是一种侵略性的行为；而假如对象换成了女性，那她通常会把你的这一动作当成是对她感兴趣的标志。

45°——最融洽的谈话角度

在初次见面或者认识不深的人之间，45°的谈话角度是最合适的。所谓的45°，就是指谈话双方各向外侧身45°，从而使得双方的身体角度形成一个直角。

动物世界里，在即将与其他动物开战时，大多数动物都会先用将头逼近对方的动作作为宣战的信号。如果对方接受了挑战，那它也会回应以相似的动作。其实，这一规律也同样适用于人类。

此外，当动物的目的是想近距离探知另一只动物的攻击性或友好程度，而不是攻击对方时，他们往往会直接走到对方身边。譬如说，狗会用接近对方，然后靠在此人脚边的动作向陌生人表示友好。人类也同样如此。当演讲者笔直地站在观众面前，以一种较为强硬的态度发表自己的观点时，与其正面相对的观众往往会觉得此人野心勃勃，咄咄逼人。然而，当演讲的内容保持不变，仅仅改变其演讲时身体的角度，让演讲者稍稍侧身之后，观众们的态度就立刻发生了变化，对演讲者的印象也由原来的咄咄逼人变成了现在的自信且目标明确。

为了避免给对方造成咄咄逼人的印象，在一次气氛融洽的友好谈话中，谈话双方往往会不由自主地侧身45°，在两人之间形成一个90°的夹角。以这种位置站立的两人既不会给对方以咄咄逼人的感觉，同时也能通过彼此位置和动作的对称性暗示了双方身份的平等或相似性。这种45°交谈姿势有助于营造一种轻松的氛围，从而让对方可以在毫无压力的情况下进行独立的思考和行动。

此外，他们之间形成的这一夹角也非常便于邀请第三人加入到他们的谈话之中。当谈话的对象发展到四个人时，他们就会站成一个正方形，而当谈话的队伍扩大至五至六个人时，他们要么会围成一个圆圈，要么就会站成两个全新的三角形。

在一个封闭的空间当中，譬如说电梯里、拥挤的大巴上以及地铁里，想继续与陌生人保持45°的身体角度就变得有些困难了，所以这时的我们常常会转而将头稍稍侧向一边。

第九章
看谁在撒谎——你在撒谎身体却在坦白

在人们撒谎的时候,最不可靠的信息往往来自于人们最容易自我控制的部分,例如语言,因为它是可以被反复操练的。而最值得信赖的线索则是人们的身体动作和姿势,因为这一部分是很难刻意控制的。说谎时所做出的身体反应,往往就是因为说谎者情绪上的波动而引发的。所以,尽管每个人都是天生的表演家,但你的身体语言仍在反映着你撒谎时的信号。

识破谎言有迹可循

　　谎言和欺骗构筑的虚假事物，通常让人感到厌恶。当人们用尽心机想要隐瞒现实时，也扭曲了本意，所以，欺骗让很多人无法容忍。当有些人把欺瞒的话说得信誓旦旦时，该怎样发现他们的破绽？虽然人们口头可以撒谎，但身体却并不擅长撒谎，只要注意这些说谎时无法规避的动作，你就能轻易揭穿他们的谎言。

　　那么，怎样才能识破别人的谎言呢？是依据对方吞吞吐吐的态度还是若有所思的神情呢？认识撒谎时的常见手势，了解表现迟疑、厌倦和思考的姿势，是最有用的一些观察技巧。

　　其实掩饰撒谎是很困难的，原因就在于我们的潜意识是自觉而独立的，无法和嘴上所说的保持一致，于是身体语言便会泄密。所以那些很少说谎的人，不管他们的谎话如何令人信服，都很容易被人戳穿。从他们说谎的那一刻开始，他们的身体语言就一直显示出与谎言不相符的信息，这些信息让人感觉到他们没有讲真话。

　　在整个撒谎的过程中，人们的潜意识会一直散发出紧张的能量，从而引发与口头语言相矛盾的手势。政治家、律师、演员和电视主播，他们会训练自己优雅的体态，让谎言变得无迹可寻。于是人们纷纷被他们的魅力所迷醉，一齐沉入谎言的陷阱。

这些人一般通过两种方式达到这样的效果。

首先，他们可以反复练习与谎言能够达成一致的姿态和手势，但这种方式需要长期积累撒谎经验才能奏效。

其次，他们可以减少自己的手势，让自己在撒谎的时候不流露出任何正面或者负面的姿态，但这一点同样不容易做到。

但即便你有意识地抑制所有的肢体动作，你仍会发现，你控制住的只是比较明显的肢体动作，那些无数细微的动作仍然会下意识地冒出来。比如面部肌肉的抽动，瞳孔的扩张和收缩，出汗、脸红，眨眼的频率从每分钟10次增加到每分钟50次等，所有这些细微的身体反应都显示出你在撒谎。通过慢速摄影机，我们会发现这些微妙的身体信号只会在瞬间释放，只有那些职业的采访者、销售专家或者观察力特别敏锐的人才能够捕捉到。

嘴在说谎，身体在坦白

尽管谎言构成了与他人交往的一部分，但我们并不善于区分一个人说的话哪些是真的，哪些是假的。这倒不是缺乏迹象，其实90%的谎言都伴随着身体语言。身体语言就像罪犯的

指纹，总要留下欺骗的痕迹。

当人们试图掩饰自己的情感时，他们的脸会接受到两套截然相反的指示：大脑中自发的程序要求面部展示真实情感，而自觉的程序则要求面部呈现出伪装起来的表情。为了使伪装有效，自觉的程序必须占有优势。于是，人的真实情绪就会被隐藏起来了。成功的掩饰取决于几个因素，包括掩饰自己情绪的能力、被压抑的情绪的强度。某种情绪太强烈时，有可能会压倒用来压制它的努力，于是伪装的情绪就会让位于真实的情绪。

不过，也有这样的时候，真实的情绪瞬间崩溃，伪装的情绪瞬间恢复。人们显示真实情绪的片刻被称作"瞬间表情"或"微观身体语言"。它们是极快的，也是极短的。一般不会超过一秒，有时候只有1/25秒，相当于标准摄影的单帧图像！人们并不知道，自己什么时候发出了微观身体语言。绝大多数人即使看到了，也不会在意。不过，警察之类的人物在经过培训后，能对之加以识别。他们还可以学着运用它们，去阐释他人的行为。

人在撒谎时，有时会发出暴露自己真实情感的微观身体语言。比如说，有个人在讲述一个故事，关于他如何从一栋着火的房子中突围的故事。给人的印象是：在这场事故中，他完全控制了局面。他在讲述这个故事时，脸部一直很镇定。但是突然间，他的表情变了，变得害怕，紧接着又恢复了先前的镇定。如果你对微观身体语言一无所知，可能不会注意到刚才发生的事情，而且几乎可以肯定，你觉察不到他短暂流露出的恐惧。对于训练有素的观察者来说，这个微观身体语言是非常有用的信息资源，可以据此判断那个人讲述的故事的真假。它将表明，他试图给人这样的印象——他一直控制局面，但是在那次事故中，他感到了巨大的恐惧。

因为微观身体语言完全是自发的，所以它们就像叛徒，在人们一无所知时，出卖了他们的想法，但只向这样的人出卖——他们知道这些微观身体语言意味着什么。马克·弗兰克和保罗·艾克曼已经表明，在识别骗局时，人们稍纵即逝的真实情绪可能是颇有价值的。尽管不是很普遍，但微观身体语言中依然包含着极其丰富的信息。

比如说，在马岛之战后，英国首相玛格丽特·撒切尔出现在一个电视节目中。很多观众都问她，为什么命令英国潜水艇用鱼雷攻击阿根廷的"贝尔格拉诺号"战舰。撒切尔夫人回答说，因为"贝尔格拉诺号"进入了英国禁止进入的水域，所以打它合情合理。其实这不是真的。实际上，"贝尔格拉诺号"处于禁止进入的水域之外，在被攻击时，"贝尔格拉诺号"航行在远离马岛的地方。当撒切尔夫人给出这个不诚实的答案时，她显得很平静，甚至露出了微笑。不过，在某一时刻，一个极其短暂的愤怒表情浮现在她的脸上，眼睛外突，下巴前伸。撒切尔夫人想要隐藏的愤怒闪现出来。但是，这个表情稍纵即逝,很快她的表情又恢复过来。

当人们不再需要去说服别人,让别人相信他们说的是实话时,他们的行为方式也能提供微妙的线索,供人识别骗局。比如,多数旅客在通过海关时一点儿都不害怕,因为他们没有携带任何违禁品。不过,走私犯则要装出很正常的样子,设法把违禁品带出。走私犯在通过海关时,使他与众不同的,通常是他那一身紧张的肌肉。因为没人注意到他平时是如何走路的,紧张的肌肉也很难发现。不过,值得注意的是,走私犯在通过海关官员检查之后的表现。正是这个时候,他没什么好担心的了,因而很可能会使身体放松,发送紧张释放的身体语言。这个变化并不剧烈,通常它采取的形式是轻微放松肩膀,但这是可以被察觉的。一个人在通过海关之后就会放松,这个事实暗示他把海关官员当成威胁,他有什么东西要隐瞒。

假装的愤怒和心虚的脸红

谎言并非全都与情绪有关,但只要涉及情绪,都会对说谎者造成困扰。说谎者极力掩饰内心真实意图的同时,他的表情之中难免露出破绽。

即使说谎者一直掩饰情绪,也往往摆脱不了情绪,而情绪一旦介入，谎言穿帮的可能性就大很多了。为此，只要你足够细心，任何情绪都可能使谎言泄露无疑。

心理学家们根据多年的观察发现，说谎者喜欢假装愤怒，而且常常脸红。

1.说谎者假装愤怒

有些人说谎后会假装愤怒，为了让自己看起来真的很生气，往往会再加上手和手臂的动作作为强调。这种动作像是事后的"追加"或"弥补"，不但"慢半拍"，而且显得机械化，还和说话的语气不一致。

当我们捕捉到这些信号，基本可以判定，他（她）在说谎。掩饰情绪不容易，想伪装根本没有的情绪更不容易。即便是伪装隐瞒，识谎高手也能看出一些端倪。譬如有人说"气死我了"或"吓死我了"，带着非常明显的表情才正常，如果面无表情，那肯定是在骗人了。

2.说谎者因敏感害羞脸红

有些人对说谎特别敏感，说谎之后往往特别害羞，最常见的表情就是脸红。

这些人大多从小被教导"说谎罪大恶极"。要不有人曾说，一个人脸红起来，不是天真的纯情少女的话，那可能就是做了不该做的事。

眼神透露的撒谎信号

很多人认为目光转移是撒谎的信号。他们假定，那是因为撒谎者感到内疚、心虚和忧虑，从而很难用眼睛直视被欺骗的人，所以转而看别处，但事实不是这样。

首先，凝视的模式是相当不固定的。

有些撒谎者移开他们的眼神，有些却反而增加注视别人的时间。因为凝视是很容易控制的，撒谎者可以用眼神来强化这样的印象——自己是诚实的。在知道他人觉得目光转移是撒谎的信号之后，许多撒谎者反而做完全相反的动作，故意更多地注视对方，给人以他们在说实话的印象。所以如果你想知道别人是不是撒谎，不要仅限于注意眼神的变化。当某个人比平时更专注地看着你的时候也要注意！

另一个假定的撒谎信号是快速眨眼。

当我们变得兴奋或者思维快速运转的时候，眨眼的频率的确会相应增加。人正常的眨眼频率大概是每分钟20次，但是当我们感觉到压力的时候，可能会提高四五倍。人在撒谎时往往很兴奋，或撒谎者在为一个笨拙的问题寻找答案的时候，他们的思维会快速运转。在这种情况下，谎言同眨眼的确有关系。但是我们要记住，有时候一个人快速眨眼，不是因为他在撒谎，而是压力很大。

还有，有的撒谎者的眨眼频率也非常正常。

第九章　看谁在撒谎——你在撒谎身体却在坦白

根据科学家的研究，人们在正常而放松的状态下，眼睛每分钟会眨6~8次，每一个眨眼动作眼睛闭合的时间只有1/10秒。而这种间隔在非正常状况下将被打破。所谓的非正常状态，指的无非就是在说谎、情绪波动较大的情况下。据统计，这个时候，人们眨眼的频率将显著提高。原因就是在内心无法平静，在怕被识破的压力下，人们的眼睛会因为紧张而加速眨动。因此，不要以为谎言说得天衣无缝就能蒙混过关，要知道，很可能在同一时间，你眼睛的眨动，就已经在告诉别人你在说谎。

捂嘴——此地无银三百两

和眼睛一样，手的动作往往也能被置于意识的控制之下，这就是为什么手不能作为关于谎言的可靠信息来源的原因。

不自然的手部动作同样被认作撒谎的信号。根据这种假设，人在撒谎时会变得很不安，这样使得手也处于紧张的动作中。正如我们早先提到的那样，有一类行为叫做"适应动作"，包括摸头发、挠头皮或者把两只手放在一起搓等。人在撒谎时，有时会感到心虚或担心被发现。这种担心会导致他们做出"适应动作"。这种情况往往发生在赌注很高或者这个撒谎者不善于撒谎的时候。不过在更多的时候，发生的情况正好相反。同样，因为撒谎者害怕暴露自己，所以会刻意控制自己日常的动作习惯。结果他们的动作可能不是更活跃，而是更少！

有一个暴露谎言的经典动作是捂嘴。发生这种情形时，看起来好像是撒谎者非常警惕地捂住了欺诈的源泉。他假定，如果人们看不到他的嘴，就无法知道谎言来自何处。捂嘴的动作很多，包括从用手完全掩住嘴巴，用手支住下巴，到一根手指悄悄摸一下嘴角等。通过把手放在嘴上或靠近嘴巴，撒谎者表现得像个罪犯，他无法抵挡回到犯罪现场的诱惑。而这正好和罪犯一样，因为手的动作把自己暴露给了观察者。在任何时候，别人都能知道，捂嘴是企图掩盖谎言。

手下捂嘴巴通常是想掩饰内心的谎话

当一个人下意识地用手遮住嘴巴，表示撒谎者试图抑制自己说出那些谎话。有的人会假装咳嗽来掩饰自己遮住嘴巴的手势。有时候人们是用几根手指或紧握的拳头遮着嘴，但意思都一样。

第九章 看谁在撒谎——你在撒谎身体却在坦白

如果你在公司召开一个会议,你发言时看到有听众捂着嘴,这个时候就要注意了。遇到这种情况,你应该停止发言并询问听众:"大家有什么问题吗?"

克林顿为什么频频摸鼻子

有一个捂嘴的替代行为,就是摸鼻子。通过摸鼻子,撒谎者体会到了捂嘴的瞬间安慰,又不用冒险把人们的注意力引向自己的所作所为。在这个动作中,摸鼻子是捂嘴的替代行为。这是一个鬼鬼祟祟的身体语言,看起来好像某人在挠他的鼻子,但他真正的目的是捂嘴。

还有一种观点认为,摸鼻子是欺骗的标志,但是这个动作和嘴没有关系。这个观点的支持者阿兰·赫希与查尔斯·沃尔夫一起对比尔·克林顿1998年8月给大陪审团的证词做了详细的分析。那时候这位总统否认曾与莫妮卡·莱温斯基有染。他们发现,当克林顿说真话的时候,他几乎不碰自己的鼻子,但是当他在与莫妮卡·莱温斯基发生韵事的问题上撒谎时,平均每4分钟就摸一下鼻子。赫希管这个叫"匹诺曹综合征"。这是根据那个著名的童话人物命名的。这个人物每次撒完谎,木头鼻子都会变长。赫希指出,人在撒谎时,鼻子会充血,通过摸鼻子或擦鼻子,这种感觉能够得以缓解。

至少有两种观点反对"匹诺曹综合征"的说法。一种认为，摸鼻子仅仅是紧张的征兆，而不是谎言的信号；另一种观点认为，人在撒谎时，会感到焦虑，害怕被人发现，而这些情绪都与面部的血液枯竭有关。换句话说，它导致的是血管收缩，而不是血管扩张。这是罗格斯大学的马克·弗兰克的观点。弗兰克还指出，关于撒谎的实验研究表明，摸鼻子并不是一种普通的欺骗信号。当然这可能是因为摸鼻子没有出现在实验场所。在那里赌注很低，即使谎言被揭穿，人们为此支付的成本也不太高。还有这样的可能，摸鼻子并不是人人适用的欺诈标志，它可能只是某些人（包括克林顿）的商标式身体语言秘语。

最后还有一种可能性，就是摸鼻子与谎言或焦虑毫无关系，但它是表示拒绝的无意识形式。雷·伯德惠斯·戴尔认为，一个人在另一个人面前摸鼻子，显露出他并不喜欢对方。正如他指出的那样：对美国人来说，摸鼻子和单词"No"一样，是表示拒绝的标志。根据这种解释，可以把比尔·克林顿在大陪审团面前摸鼻子，视为他对质问者深深厌恶的表示，而不能把它视为揭露下列事实的线索——他正在对他们撒谎。

在这场争论的周围，依然存在着一些未解决的问题：我们在说某人撒谎时，究竟要表达什么意思？是说我们知道他在撒谎，还是说我们不得不相信，他没有讲出实情？正如马克·弗兰克指出的那样，这个问题与比尔·克林顿案件，与他有关与莱温斯基发生韵事的证词密切相关。有人认定克林顿知道自己在撒谎。也有人坚称,根据克林顿关于性的定义和他建构证据的方式,他根本没有撒谎。由此带来一个有趣的问题:有些人必须说服自己没有撒谎,而另一些人从一开始就坚信自己讲的都是实情。这两类人在行为上是否存在差异?

通行全球的手掌行骗术

在人类的历史上,张开的手掌从来都是同真实、诚实、忠诚和顺从联系在一起的。许多宣誓的场合都是宣誓人把手掌放在心口上。在某些国家,当人们在法庭作证的时候:手掌举在空中,左手拿着《圣经》,右手掌举起来,面向法官。

假如你仔细观察,就会发现,小孩子在撒谎或隐瞒真相时总是将其手掌藏在背后;当彻夜不归的丈夫不愿对妻子说出他的去处时,常常会将手掌隐藏起来。这些动作,都和其他身体语言一样,是没有意识的,也是最真实的。

有一个最好的方法来发现某人是否坦诚,那就是看看他的手掌姿势。狗打架时,向胜利者露出喉咙,表示投降或顺从。人类这种高级动物也是这样,他们用自己的手掌表示类似的态度或感情。例如,当一个人想表示自己的坦率和诚实时,他会把一个手掌或两个手掌向对方摊开,意思是说,

"我对你是完全开诚布公的"。像大多数身体语言一样,这完全是一种下意识的动作,它使你感觉到对方是在讲真话。如果一个丈夫在外面过了一夜,但是却不想把自己过夜的地方告诉妻子,那么,当他做解释时,他也同孩子一样把手掌藏在口袋里或者把手臂交叉起来。这样一来,藏手掌的动作可能使他的妻子感到,他没有讲真话。

经理们常常告诉推销人员,当顾客解释他为什么不买这个产品时,要看看他的手掌,因为只有张开手掌时,他才会讲出真实的理由。

既然摊开的手掌表示坦白和真诚,也许就有人会问了,"如果我在说谎的时候并不把手藏起来,那么,人们是不是就会相信我说的话了呢?"答案可以是肯定的,也可以是否定的。

手掌向你伸出,笑得很不自然,极有可能是在撒谎

假如你说的是个彻头彻尾的大谎话,且破绽百出,这时

即使你亮出了自己的手掌，你的听众也不会相信你，因为你在说话的同时还会做出其他的动作和表情。如果你的话不属实，那么这些动作和表情所传达的信息就会与摊开的手掌所代表的含义自相矛盾。如此一来，你的谎言也就不攻自破了。例如，当一个人利用手掌撒谎时，他微笑着向你伸出手掌，但他的其他动作却在变化——瞳孔收缩、笑容扭曲等，这些都是与摊开的手掌相矛盾的。当你试图练习张开手掌向他人撒谎时，即使尽量压抑一切负面的姿势，但是仍会被发现。很少有人能在这种情况下成功撒谎。可见，身体语言在某些时候比人类的口头语言更加诚实。

不过，诈骗高手们以及那些经受过专业训练的撒谎者却能够通过锻炼，将原本无意识的肢体语言转变为有意识的动作，为自己的有声话语服务，使自己的谎言无论听起来还是看起来，都是那么天衣无缝，滴水不漏。从利用肢体语言行骗这一点来说，诈骗高手们掩饰的技巧越娴熟，他们行骗成功的概率就越大。

当然，你可以练习张开手掌的姿势，使你在同别人交谈时显得比较可信。如果在交谈时，把张开手掌的姿势变成习惯性的，那么，撒谎就变得容易了。有趣的是，大部分人发现很难张开手掌撒谎。实际上，使用手掌信号，有助于制止别人可能提供的某些虚假信息，并鼓励他们对你坦诚。

坐立不安的说谎者

　　身体的其他部分,虽然同样受意识控制,但不被注意,容易被忽视。它们常常能提供关于谎言有效的线索资源。关于撒谎行为的研究表明,人在撒谎时,身体的下部会比上部提供更多的信息。

　　当把关于某些人的录像放给其他人看,让他们判断谁在撒谎、谁说实话的时候,如果被拍摄的是身体的下部,那么判断往往是准确的。显然,双腿或双脚对撒谎者来说是被低估了的判断谎言的部位。

　　撒谎者似乎都把努力集中在他们的手、胳膊和脸部的隐秘处,因为他们知道其他人会观察这些部分。由于脚很隐蔽,所以撒谎者不去注意。但是,往往脚或者腿的一个细微的动作调整,就能出卖他们!

　　撒谎的人,在选择坐姿时,同普通人或自己平常的状态有较大差别。由于坐姿是由身体各个部分共同配合形成的一种姿势,所以撒谎者若想掩盖自己的谎话,就要协调好自己的姿势,但事情并没那么容易,也许是压力作用的效果,他们总难坐得舒服。

　　撒谎者的坐姿,一般都反映了他们内心的担忧和恐惧。面对被拆穿的压力,谈话中他们往往不愿意正面面对聆听者,而是以侧面示人,并常常望着地面。似乎一旦被识破,他们就会立刻走开。这也是撒谎者想回避其他听众的一种表现，他不想把真意暴露在众人面前。

身体不停乱动。这类撒谎者显然还没有准备好自己的台词，他们不停地变换自己的坐姿，以减缓因心虚而产生的压力。往往一个话题还没有展开，他们的坐姿就已经换了好几个。同时，他们的双腿还可能不断抖动，以希望能赶快摆脱这种不安的心理状态。

很多人发现，身体不停地动，容易暴露自己，于是他们在撒谎的时候，尽量控制自己不要动，让人们相信自己是在平和、真实地表述。但如果持续的时间过长，这种坐姿就会显得十分僵硬，过度的紧张和自我控制，甚至会让他们感到腰部肌肉酸痛。所以，当看到一个人坐姿过于刻板和僵硬时，就要仔细掂量掂量，他说的话到底有几分是真的。

细节中呈现说谎的蛛丝马迹

说谎的人，会伴随着一些隐微的身体动作，只要留心观察对方的身体动作细节，就能够洞察一个人是否在说谎。

1.说谎者常将手指放在嘴唇之间

幼儿会将自己的拇指或者食指含在嘴里，作为母亲乳头的替代品，而成年人则表现为把手指放在嘴唇之间，或者吸烟、叼着烟斗、嚼口香糖、衔着钢笔、咬眼镜架等。人们常常在感受到压力的情况下做出这个手势。

2.说谎者爱揉搓眼睛

一个小孩不想看见某样东西时，他会用手遮住眼睛。而我们大人不想看见什么的时候，会下意识地摩擦眼睛。大脑通过摩擦眼睛的手势企图阻止眼睛目睹欺骗、怀疑和令人不愉快的事情，或是避免面对那个正在遭受欺骗的人。电影演员们常用摩擦眼睛的手势表现人物的伪善。

男人在试图掩盖一个弥天大谎时，则很可能把脸转向别处。相比而言，女人更少做出摩擦眼睛的手势，她们一般只是在眼睛下方温柔地轻轻一碰。不过，和男人一样，女人们撒谎时也会把脸转向一边，以躲开听话人注视的目光。

3.说谎者常拉拽衣领

FBI研究发现，当一个人说谎时，往往会引起敏感的面部和颈部组织的刺痛感，因而就必须用手来揉或挠抓。说谎的人感到对方怀疑他时，脖子似乎都会冒汗，这时他会下意识地拉一拉衣领。

当一个人感到愤怒或者遭遇挫败的时候，也会用力将衣领拽离自己的脖子，好让凉爽的空气传进衣服里，冷却心头的火气。当你看到有人做这个动作时，你不妨对他说："请你有话就直说吧，行吗？"或者"麻烦你再说一遍，好吗？"这样的话会让这个企图撒谎的人露出他的马脚。

4.说谎者爱快速地耸肩

耸肩通常传递一无所知或漠不关心两个信息——"我不知道"或"我不在乎"。当人们做耸肩这个动作的时候，通常表明他们愿意沟通这个信息。然而，如果耸肩的动作非常快，则另有所指。

这种情形有点类似一个人被一句笑话弄得很尴尬，却要假装自己觉得很有趣，这时他的脸上就会出现一个只牵动嘴唇的假笑，而不是脸上堆满笑容。

第十章

身体语言,男女有别——两性中的身体语言

据《纽约时报》统计,全世界男女在学习两性关系方面的资金投资高达数十亿美元。那么,投资在哪儿才能获得最大的情感效益呢?对某些人而言,男女最初都是在身体语言的推动下才向异性示爱的事实,这可能会让他们感到万分沮丧。不过,从另一方面来说,这也就意味着每个人都有机会去修饰自己的外形,通过有意识的行为增加自身对异性的吸引力,赢取更多与异性接触的机会。

女人最具吸引力的部位

爱美之心，人皆有之，女人带给这个世界上无数动人的美丽，她们是天生的尤物，一举一动深深地吸引着男人。而男人却始终是视觉动物，一旦女人失去了吸引力，就很容易被疏远。因此，女人得想办法去呵护自己的美丽，保持住自己长久的魅力。

有位身体语言专家曾以"你最喜欢女人身上的哪几个部位"为题进行了一个调查活动，答案可谓五花八门。那么，女人到底哪些部位最能吸引男人呢？下面就来看看结果吧。

1.丰满的胸部

从出生那一刻起，男人对胸部就有一种莫名的喜爱，胸部排在榜首也在情理之中。丰满的胸部是每个男人都无法抗拒的。男人在一起谈论女人的时候，都是从胸部大小说起，似乎胸部的大小，已经成为他们的择偶标准之一，因为女友丰满的胸部，会让他们觉得心里更满足、更有面子。这其实也是男人的致命弱点，一看到大胸女人就迈不动步，一看到性感乳沟就想入非非。

2.性感的臀部

男人们认为，饱满且呈桃形的女性臀部最能体现女性魅力,女人那浑圆饱满的臀部总是能让男人产生一种抑制不住的冲动。此外,女人的臀部还有另外两项功能:其一,为今后的生育储备脂肪能量;其二,作为全身能量的储藏室,以备不时之需,就好比骆驼的驼峰。

近年来,剪裁精细、设计优良的牛仔裤已经逐渐成为了女性的一种穿衣风尚,因为穿着这样的裤子会让女性的臀部看起来显得圆润而饱满。而高跟鞋则能够让女性在挺直腰背的同时也让她们的臀部随着走路时的步伐而有节奏地摆动,从而使那高高翘起的臀部显得更为突出,让所有看到这一幕的男性无不为之动容。

3.白净的脸庞

"以貌取人"已经成为一个普遍的社会现象,尤其是在男人对女人的追求上,他们判断一个女人是否漂亮,首先看的就是脸部,当看到脸部皮肤细腻、嫩白、光滑的女性时,就会不由心生嘀咕:"这女人真美!"这时,就会发自内心地喜欢上她。

俗话说"一白遮百丑",先不管脸型长的如何,首先要做到的就是白嫩、干净。如果让诸如皱纹、色斑、暗沉等皮肤问题爬上脸颊,作为视觉动物的男人,就算你有再姣好的脸蛋,也会对你慢慢失去兴趣,他与你之间的那种亲热感也会随之慢慢变淡。

4.迷人的美眼

大眼睛几乎是美女的固定标准之一,其实有时候眼睛不一定需要很大，有神的眼睛就像会说话一样，散发出无限的妩媚。略带羞涩的微微低头，也能让男人满生怜惜，低头那一刹的温柔最是无法抗拒。当被一双清澈有神的眼睛凝视之际，试问又有多少男人可以在短时间内回过神来？

当眼纹、眼袋、黑眼圈慢慢地缠上双眼，男人瞬间就会失去"沟通心灵"的欲望。男人都非常渴望探索异性眼睛里的奥秘，如果你是懂生活、识情趣的女人，那么请你好好呵护双眼。

5.诱人的双唇

红色永远是充满热情与性感魅力的颜色，落在女人的嘴唇上，就像点燃了男人的原始欲望，充满魅惑。唇在脸部占有重要的位置，精致的五官当然能让男人驻目，惹火的红唇更是眼光聚焦所在。尤其是在互相交谈的时候，女人轻启朱唇，香气微吐，一张一合之间让男人无法抵挡。同时传递着一种强烈的性感信息，让男人在瞬间被吸引，再也无法转移视线。

6.性感的蛮腰

女人的完美曲线除了来自于傲人的美胸，还来自于柔软的细腰。细腰间的沟壑演绎出的是一种如水般的温柔之美，让男人在观赏的同时，心底不自觉地流出无尽的柔情，怜香惜玉之意溢于言表。女人最佳的腰身，其腰围和臀围的比例是7∶10，也就是说腰围大约为臀围的70%，即拥有我们常说的沙漏形（S型）身材。这是最吸引男人的比例。对于拥有完美比例的女人，男人很少能不多看几眼。而当女人的腰开始发福、变粗时,她们原本拥有的魅力也会因此减少。很多男人表示,女人一旦成为水桶腰,对她们的兴趣就会下降。

7.修长的美腿

女性那两条长长的美腿是其用以展现女性魅力、吸引异性目光的最有力的无声语言,同时也是她向异性证明自己生育能力的最有力的证据。这也是为何人们往往会将长腿与女性的性感魅力联系在一起的原因。

男人喜欢看女人穿高跟鞋,因为这会让她的腿看起来显得更加修长。穿上高跟鞋后,女人常常会不由自主地挺胸、提臀、扭胯,而与此同时,高跟鞋会让她的双脚显得更加小巧。正因为如此,高跟鞋一直是女人们用来凸显其性感身材的有力武器。

与那些纤细、瘦弱的双腿相比,男人们更加青睐于那些线条优美、略带肉感的双腿,因为腿上的那一点多余的脂肪不仅更能体现男女间的性别差异,尤其是两者腿部的差别,也是女性哺育下一代的生理保证。

男人哪里最能让女人着迷

美国的一项调查研究显示:44%的女性觉得,如果伴侣身上的脂肪太多会有损于两性的关系,而一个男人一旦拥有了健美的体魄,就会对异性形成一股强大的吸引力。

总体而言，女性对男性身体的审美标准与男性对自身的要求大致相同，都是想寻找一个具有运动员般健硕体魄的伴侣。而当我们将这一标准应用于男性身上时，也就演变为了宽阔的肩膀、发达的胸肌与肱二头肌，以及结实圆滑的臀部……即使是在21世纪的今天，据调查显示，女人们仍然对那些身材魁梧、肌肉发达，能够抵抗任何外来进攻（包括野兽在内）的男子情有独钟。

从根本上来说，男性身体结构的作用本身就是为了帮助其完成追捕猎物、负重以及各种对抗性的重体力活动。那么，男人的身上到底哪些部位最让女人为之着迷呢？

1.一对强壮的前臂，雕塑般的肩膀，宽大的肱二头肌

女人一旦看到一个男人强壮的前臂，就会认为这个男人无所不能。在女人看来，强壮的前臂可以驱赶坏人，可以建造房子，还可以灵巧地触摸女性的身体，是非常有安全感的身体部位。

发达的肩部肌肉往往是爱和战争的象征，当然这也是从远古时代遗留下来的男性优势。雕塑般的肩膀往往能让一个男人看起来更有战斗力。同时，雕塑般的肩膀与宽阔的后背结合在一起，会使一个男性看上去更健壮发达，让女性充满了崇拜的感觉。

在对世界范围的读者进行的调查显示，大约有1/5的女性承认男性漂亮的肱二头肌绝对会打动她们。

2.宽阔的后背

一个男人具有宽阔的后背是塑造"V"字形躯干的必备条件，它对女性的吸引力可以追溯到远古时代。因为在远古时代，一个有着宽阔后背的男人往往能在女人遇到危险的时候，用自己的后背帮助女人免受野生动物的侵袭。根据这些渊源，女人们喜欢有宽阔后背的男人。

3.清晰的6块腹肌

如果一个男人的肱二头肌十分明显，但是他却忽视了自己肚子上的脂肪，女性就会用一种歧视的眼光看他。所以，要想让一个女人为自己着迷，男人就赶快采取行动锻炼腹肌吧。

4.结实而性感的臀部

几乎所有的女人都对男性那性感而结实的臀部有一种难以割舍的情怀，可是却很少有人知道这种情怀当中隐藏的玄机，而这也是男性最值得炫耀的一项身体资本。如果臀部线条优美的话，必然会受到女性的青睐。

5.岩石般坚实的小腿

男性的双腿只有在与男性特有的力量和坚韧等特征联系在一起时，才能对女性产生致命的诱惑力。男性那凝聚了无穷力量、棱角分明的双腿，比其他所有灵长类动物的后肢都要长，而他那窄小的臀部则使得他能够在捕猎时进行长时间的快速奔跑。可能由于自身的缺陷，女性往往希望可以从男性的身上获得一定的补偿。比如大多女性都不能跑得很快，所以她们就喜欢能够跑得快的男人，而跑得快就必须要有一双坚实的小腿。

此外，调查表明，女人总是对那些具备平滑而深沉嗓音的男人格外青睐，因为男性的音调与他体内性激素的分泌有着十分密切而直接的关系。

当男人遇到心仪的女性时，他们很可能会刻意压低嗓音，从而使自己听起来更有"男人味儿"。而女人对此的回应则是用一种更为高亢的嗓音来回答他所提出的问题，借此显现自己的女性特征，突出两性差异。

突出性别差异的秘诀

人类在追求异性过程中的打情骂俏，无论是从其动作，还是从表情来说，都不同于我们在介绍野生动物的电视节目中所看到的鸟类的求爱舞蹈或其他动物的种种交配行为。

从总体上来说，当一个人想将异性的注意力吸引到自己身上的时候，他往往会将动作的重点放在强调两人之间的性别差异上。

而当我们想阻止异性的进一步示爱行为时，我们则会尽量减少或刻意隐藏这些性别差异。

女性在与异性的接触中，能否成功地赢得对方的好感，往往与她们发送示爱信号以及破解对方回应信号的能力高低有直接关系。

突出自己与对方之间的性别差异，会让一个人看起来显得很"性感"。在求爱中无往而不利的高手，首先善于通过对女性肢体语言的细致观察得到了对方是否单身的信息。然后，他再全力施展其男性特有的示爱行为和动作。那些女子看到了他的动作和行为之后，如果对他感兴趣，便会下意识地回应以女性特有的示爱表示，以无声的肢体语言暗示他可以大胆地采取进一步的行动。如此一来，这位求爱高手自然也就能成功地抱得美人归了。

对男性而言，解读自己接收到的肢体语言信号的能力则成为了决定他们能否在爱情游戏中取胜的最主要的因素。

与女性不同的是，男性并不需要具备发送准确的示爱信号的能力。

大多数女性对于异性所发出的求爱信号都有较为明确的认识，可是，相比较而言，男性在这方面的感知力就差多了，他们经常会对异性传递过来的信号熟视无睹。

这大概就是众多男性难以发现潜在的约会目标的原因吧。而对女性而言，在寻找伴侣这一问题上，她们最大的障碍并不是解读肢体信号，而是要想找到一个符合她们标准的约会对象实在太难了。

男女"放电"各有信号

在男人或女人的脑海中,往往都有一幅理想对象的构图,当看到可吸引自己的人后,就会将那人的外貌、特点,与自己的拼图进行核对,一旦吻合,便会释放出喜欢或示爱的信号,即所谓的"放电"。难怪很多人一见钟情时,都惊呼终于找到了"梦中情人"。

心理学家曾在饭店、酒吧等地方,做了长期的观察研究,发现两性之间的"放电",可以分为三个阶段。

第一阶段,男女双方进行大范围"狩猎",寻觅目标,倘若见到合自己心意的异性,一开始只会匆匆瞥一眼,然后便会移开目光,心里盘算着应该怎样发放引起对方注意的信号。

第二阶段,由单方面发展到双方面,双方开始积极传送信号,包括面部表情、姿势及其他身体语言。根据心理学家研究发现,男女分别有一套特别的信号用来吸引对方。

1.男人常用的"放电"信号

眼神:对望。

笑容:微笑。

身体:贴椅背直坐或挺腰站立,将胸部尽量伸展,显示其肌肉及男子汉气概;吸烟者会把玩火机或夸大吸烟姿势。

装扮:西装或一身名牌装扮,显示其身份地位。

2.女人常用的"放电"信号

头发：撩拨、抚弄或将头发绕圈。

眼神：瞥一瞥、凝望、对视、睁大眼睛。

笑容：含羞地笑、稚气地笑、温柔地笑、微微掀起嘴角似笑非笑。

懂得发放信号者，无论男女，都会较受欢迎。实验证明，以女性为例，如在一个钟头内发出35个"求偶信号"，平均能吸引到4名男性的目光。但需注意，发放信号时不能千篇一律，要不断转换方式。

一是突出衣饰装扮。

女士宜略施脂粉，使自己在人群中更显眼，男士则不妨以笔挺西装，或成熟稳重的衣着，来显示自己的社会地位。

二是适当的眼神接触。

用"心灵之窗"交流，是"放电"过程中极为重要的一环，眼神接触最好维持1~2秒，因为时间过长会令人觉得浑身不自在，但过短又容易被忽视。欲拒还迎的眼神，最能摄住别人对你的目光。

三是恰当的对话。

可尝试用一个较幽默的句子来打开彼此的话匣子。谈话内容可触及自己的学历或简单背景，从而与对方寻求共通点，增加彼此亲切感。

六大信号表明他喜欢你

如果一位男士喜欢你,却没有直接表白,不用担心,总会有其他非语言的方式能传达爱意。他在你面前的表现,甚至和其他人的谈话、行为都会包含喜欢你的信号。

下面这些身体信号就暗示着他喜欢你哦!

1.眼神交流

每次和他说话,他的眼神都很温柔。情人眼里出西施,他会很明显地盯着你的秀发看,会欣赏你的穿着打扮甚至看着你的眼睛和嘴唇。有时,如果他的偷看被你发现,就会马上转换视线。你不在时,他的眼睛会到处找你。

2.压低嗓音

和你说话时,他总会想着表现自己最好的一面。甚至和其他人交谈也不会提高分贝,真是既绅士又温柔,当然他也不会直呼你的名字。

3.一见你就笑

一看你,他整张脸都亮了,尤其在分别数日的情况下。他的眼光就是无法从你身上挪开,有时还会发现他对着你傻笑呢。

4.表现紧张

有时他看起来很害羞,转过身去,不安地玩弄着手指。即使你们已经是朋友,但约你出来仍会让他万分紧张。

共进晚餐或午餐时,他会表现得如同情侣约会般郑重,也尽量让你觉得自在。

5.小心行事

你在周围时,他会十分在意你的存在。不时地看看你,想得到你的肯定,当你的忠实听众,确认你对他已经有印象了。

6.找机会陪你

你不舒服时,他会第一时间带着鸡汤来看望你、照顾你。即使是你需要去哪里,他也要确保能在附近照看着。他会一直陪在你身边,让你能感受到他的关怀。

这样做,表示她对你有意思了

接下来,让我们一起来分析世界各地的女性在示爱时最常使用的身体动作和信号,她们正是借此将自己的单身信息传递给对方。

1.仰面与抚弄头发

这是当女性发现心仪的对象时最先使用的两种信号。她们会将头微微后仰,让头发搭在肩膀上,或是自然垂在身后,同时用手轻轻抚弄发丝。即使是那些短发的女性,在遇到心仪对象时,也会不由自主地使用这一姿势。事实上,女人们是想通过这一动作和姿势告诉对方,她很在意自己在他眼中的形象。此外,就在她抬起胳膊抚弄头发的同时,她藏于腋下的

"催情素"开始施展其魔力,借此飘向对面的男子,成为某种暧昧的信号。

女子将头微微后仰通常是她遇到了自己心仪的对象

女子用手抚弄发丝表明她很在意自己在男子眼中的形象

2.扬肩外带斜视的目光

女子扬起的肩头,其实就是对自身浑圆的乳房的一种自我模仿。而在那低垂的眼帘下,是女性所特有的,温柔得足以让任何男人都不忍离去的目光;而就在男子逐渐沉迷于其中之时,女子的目光却很快地转向了别处。这一系列的动作往往会让人产生一种偷窥的感觉,被偷窥的正是这名女子,而偷窥者当然就是那个与女子有过短暂对视的男人。

3.湿润的嘴唇、撅嘴以及略微张开的双唇

与男孩子们小而单薄的嘴唇相比,女孩子们嘴唇的轮廓不仅更大,而且也更显饱满,而这也就成为女性特征的标志之一。有些女性甚至会向嘴唇里注射胶原蛋白,借此进一步凸显其与男性间的性别差异,使自己显得更加性感,从而吸引更多异性的目光。至于撅嘴,该动作的目的无非就是想进一步突出女性嘴唇的性感魅力。从某种意义上来说,饱满的嘴唇其实象征了女性强大的生育能力。借助于口水或化妆品的帮助,女性可以让自己的双唇看上去娇艳欲滴,从而使自己显得性感诱人,进而吸引异性的目光。

4.柔软的手腕

无论是在行走,还是在坐卧时,女性都会无一例外地向对方展示自己手腕的柔软性,以此表示自己柔弱、恭顺的心意。换句话说,假扮柔弱是一种获取注意力的好方法。由于这样做能够刺激男性的控制欲在体内的迅速膨胀,所以在男人们眼中,拥有柔软的手腕的女子格外娇柔动人。

5.暴露手腕内侧肌肤

在女性向对方发送示好信号的过程中,她会渐渐地将手腕内侧那平滑柔软的肌肤暴露在她感兴趣的男子眼前,而随着她对男子感兴趣程度的增加,女子闪动手腕的频率也会逐渐加快。长久以来,手腕一直被认为是最能体现女性魅力的身体部位之一,因为这里的肌肤比身体其他部位的皮肤都更加细腻光滑。此外,女性在展露手腕的同时,还会将自己的手掌暴露在对方的视线之内。

6.自我抚摸

人们肢体的各种行为常常会不由自主地暴露出其内心的私欲,"自我抚摸"这一信号的原理也正在于此。女性体表的触觉神经元要远远多于男性,因此她们对于肢体接触的敏感度也远远高于男性。当身为男性的你看到一个女人缓缓地抚摸自己的大腿、脖子或咽喉时,你完全可以把这一动作理解为:如果你能讨得她的欢心,那么,也许你就能以同样的方式让自己的双手在她身体上游走。与此同时,女性的这一行为也能让她产生一种被男人爱抚的幻觉。

7.摆臀

女性出于生育的需要,其臀部要比男性的更加圆润宽大,而其位于大腿与臀部连接处的髋骨也显得更为明显。几个世纪以来,将臀部高高翘起一直就是女性在示爱时使用频率最高的小动作之一,同时也是各种女性用品广告里模特用来吸引女性顾客购买的御用姿势之一。凡是看过此类广告的女性,几乎都会被画面中的模特所吸引,渴望获得模特般曼妙的身姿,而这正是生产商所期待的广告效应。

8.膝盖的朝向

女人常常摆出这样一种姿势:将一条腿弯曲后压在另一

条腿之下。每当这时候,她们那条弯曲了的腿的膝盖指向的往往就是那个让她最感兴趣的人。

9.两腿合二为一

大多数男人都认为,两腿合而为一是女人所有坐姿当中最性感的一种,女人们也常常会有意识地用这样的姿势来让对方注意到自己的双腿。

在靠近过程中,巧用手提包。绝大多数男人都不知道女人的手提袋里究竟装了些什么,女人的手提包属于私人物品的范畴,而女性对待手提包的方式则让男人觉得手提包就好比一种女性身体的象征性延伸。所以当女人将手提包放在男人附近时,这一动作代表的就是一个十分强烈的表示亲密关系的信号。当女人被某个男子所吸引时,也许会让对方将手提包递给她,或者甚至让他帮自己从包里拿点什么。那么,这就表示她对他十分感兴趣。而假如她始终刻意保持他与手提包间的距离,那么,这就意味着在情感上她也宁愿与他保持一定距离。

异性吸引"五步走"

人类的求爱过程遵循一个"五步走"的步骤。接下来,我们一起来看看当我们遇到极富魅力的异性时,究竟会发生些什么。

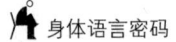

第一步，眼神交流。

她环视四周，最终将目光锁定在一名男子身上。可是，她什么都没做，就那么静静地注视着对方，直到他也发现了她的存在。接着，她迎着他的目光，与他对视了大约5秒钟之后，再十分平静地将目光移向别处。这时，对面的男子仍然凝视着她，想看看她的眼光是否还会落在自己身上。平均而言，像这样的对视，女性至少需要重复三次才能使注视的目标男子有所感应，有时可能还会重复更多次，而这一切只不过预示着一场追逐游戏才刚刚开始。

第二步，微笑。

这时，女子的脸上浮现出了一种稍纵即逝的微笑，而这种微笑的出现频率则从一次到多次不等。事实上，这种微笑是一种默许的信号，女性常常会借此暗示异性采取下一步行动。

第三步，整理仪容。

坐在凳子上的女子稍稍挺直了腰背，从而让自己迷人的胸部显得更加突出。同时，她还会摆出一个将双腿或双踝相扣的姿势，尽量显示出自身的优雅风范。她轻轻地抬起手，梳理自己的头发——暗示对方在自己心中的重要性。这一动作持续的时间很短，大约6秒钟左右。之后，她也许会抿抿嘴，再稍稍抚弄一下自己的头发，然后稍稍规整一下自己的服饰和首饰。与此同时，对面的男子则会昂首、挺胸、收腹，同时整理一下稍显凌乱的衣衫和头发，然后再用拇指扣住自己的皮带，以更加挺拔的身姿和得体的仪容作为回应。

第四步，说话。

他走到她身边，试图以闲聊的方式拉近两人间的距离，而开场白则无非是诸如"我是不是在哪儿见过你"之类早已使用过千万次的陈词滥调，其目的就是打破两人间的沉默。

第五步，肢体接触。

女子瞅准时机，"无意中"碰触到了男子的手臂。这一动作可以说是"偶然"，也可以说是"必然"。当两人之间的肢体接触由手臂发展到双手时，这就表示两人的关系和亲密度都更近了一层。在进入下一层关系之前，两人常常会重复某一接触动作，从而弄清楚对方是否乐意接受更近一层的关系。

这最初的5个步骤也许看起来显得无关紧要，甚至根本就是些偶然且难以预测的行为，但是，这对一段新关系的开始却具有至关重要的影响。

第一次亲密接触

在两性非言语交流中，我们的手要履行三件主要任务：触摸、指向以及发信号。

在恋爱的各个发展阶段，男性和女性都有自己的私下准备习惯和公开打扮展示。当我们被某人吸引时，便会下意识手忙脚乱地修饰自己的外表,就像在梳理我们的"求偶羽毛"。我们会拉拉袖子,重新整理领带、丝巾和衣服,掸去衣服上虚无的软毛,检查妆容,抹抹眉毛以及拨弄头发。

触碰真是太重要了。通过触摸心仪的对象,从身体上逾越他们亲密空间地带的屏障,可以使一段关系中情感亲密程度获得戏剧化上升。鼓励别人触碰你,会让你变得易于接近。这需要信任和勇气,表明你们之间的吸引正在升温。

我们都不可避免地经历过可能遭受拒绝的焦虑。第一次邀请别人约会或共舞,甚至只是跟他们搭讪,都是一件伤脑筋的事。确切地或隐喻地向别人伸出手却遭到拒绝,对自己将是一次重重的打击。因此,触摸的成功运用有赖于把握良好的时机,以及精确地读懂对方的身体评议性信号。

第一次亲密接触通常是手跟手的触碰。这不是正式的握手,而常常是短暂的,可能是偶然的触碰,也可能是两人的手背碰在一起。例如,如果你跟另一个人并肩而行,你的手在身旁前后摆动,可能偶尔会轻触到对方的手。对这样的触碰,你们两个可能会在意,也可能不会,但你最好不要为这次触碰道歉。这种偶然的触碰十分安全,如果对方并不予以理会,甚至自此跟你保持一定的身体距离,你也不必觉得丢脸。

第一次触碰如何发生,什么时候发生,显然取决于你们的状况。如果你们准备一起冲过一条车水马龙的马路,你们可能会本能地拉起手。如果你们在并肩而行,你可能会顺从地伸出手来，然后发现对方已经把它牵住了。你可以突然指出橱窗里的某件东西，便热心地抓着你的同伴。你还可以把一只温柔的手搁在下背部来引导他。

派对是第一次身体接触的理想场所，它可以让人们借由共舞而互相触碰。跳舞能够加速可以接受的触碰进程。"沙丁鱼"之类的派对游戏就是为打破平日亲密身体接触禁忌特意设计的，而这正是派对令人兴奋之处。给人递东西的简单动作，都能给你提供触碰或被触碰的机会，无论你是递过去一支笔，还是给对方一个打火机，又或者帮一名女子穿上大衣。

随着信心和知识的增加，以及你的非言语两性技巧的实际运用，你向异性给予和接受、提供和请求舒心的触碰时会感觉非常良好。

亲吻——两性心灵的交汇

对某人着迷时，我们的唇和嘴对触摸和其他刺激会变得更敏感。

因此，如果一个男人或者女人正站在吧台旁吃着可口的小食物，在性觉醒时他们会把嘴巴填得满满的，咀嚼的动作也会加快，尽管他们可能并没意识到；如果他们在抽烟，就会拼命地猛吸。下一步，人们常常会更频繁地触摸自己的嘴唇，暗示着他们可能很想跟你说话，或者想亲吻你，刺激自己更敏感更充血的嘴唇给他们带来愉悦。

亲吻是最亲密、最有肉感的身体语言性信号之一。人们第一次亲吻对方的方式可能直接影响到两性关系能否继续发展。如果做得好，亲吻是一件很棒的事：它既有物质，也有声音，拥有着不可思议的力量。

这方面的文化差异有很多。很多东欧人仍然会用"亲吻"女性的手来表示欢迎，尽管他们的嘴唇压根儿就没碰到对方的手背，除非他们想发送明显的性信号。在中东地区，男人亲吻其他男人是可以接受的，而在欧洲大地上，这种"亲吻"两侧脸颊空气以互相致意的次数可以从1次到4次不等。

正常来说，在社交场合被介绍给其他人时，你会跟对方握手，但分别时"吻别"在一些国家也是完全可以接受的。一般来说，亲吻的对象是空气，但如果要亲脸的话，时间必须很短，接触时间约为0.75秒。如果你把接触时间延长半秒钟，即增至1.25秒，其身体语言信息就很明显了："我为你着迷，我还想继续亲你！"

在两性关系中，依次进行各个不同发展阶段的亲吻具有重要意义，这不仅能让你变得兴奋，也能使亲密程度一步步发展。如果在对方没准备好之前你就企图与之嘴对嘴地亲吻，对方可能会逃避甚至笨拙地转过脸去，最多只给你一个脸颊。要不然，你可能发现你碰到的是绷紧的下颚和紧张的嘴唇。

所以，理想的情况应该是按照以下进展进行：

（1）先是闭着嘴轻轻地亲吻双唇。

（2）慢慢地越吻越紧，但嘴巴仍然闭着。

（3）再稍稍把嘴唇分开，这样你们都能闻到对方的呼吸，尝到对方的唾液——这两者都承载了大量信息，包括暗示觉醒状态的皮脂腺分泌。此外，你还能感觉到你的亲吻对象的呼吸热度——这时候，嘴唇和舌头对温度的感应都非常敏感，温暖无疑是性觉醒的信号。

（4）冰冷的皮肤和嘴唇暗示着你应该慢下来甚至停下来。

呼吸和唾液是重要的身体语言传递者。从理想上来说，你该向你要亲吻的人发送尽可能纯净的生物学信息。

你得注意：

（1）你的牙齿必须干净；

（2）你的口气必须是健康而清新的。

你千万别这么做：

（1）抽烟；

（2）使用做作的口气清新剂、牙膏或者漱口水；

（3）喝太多饮品（尤其是啤酒以及一些烈酒）。

这就是为什么抽烟在性爱上会如此令人讨厌——它掩饰了你强烈欲望的秘密，掩饰你在性爱上的身份，就像在你头上蒙上一条毯子。而太多饮品只会把亲吻的人隔离在气息之外。口腔以及嘴角的皮脂腺会释放出具有高度性刺激的化学信息素。这种令对方非常陶醉和愉悦的刺激组合，再加上独一无二的"口水印"，是私人交往中最具性欲意味的方式。在第一次嘴对嘴接吻以后，人们通常就会知道彼此在身体上是否合配。

因此，你不该假设其他人会喜欢跟你一样的接吻方式。虽然强烈的、充满激情的亲吻对有些人真的是一件能引起性欲的事，但在大多数的情况下，你都应该温柔地进行，让你的伴侣用反应来告诉你，他喜欢如何被亲吻——注意你伴侣的嘴唇，解读它们所告诉你的信息。这些信息可以包括：太快了、太强烈了、深一点、轻一点……所有这些不同的，甚至更多的信息都是有可能的。

男女有别，示爱有异

男性与女性看问题的方式不同，决定了男性与女性之间的差别，不仅是说话习惯、生活方式上有区别，思维以及处事方面也如此。例如，男性与女性在示爱方面就有很多差异。

在与女性交往的过程中，男人们发现，要想正确解读女性隐藏在肢体语言中那些微妙的示爱信号，实在不是件容易的事情。研究表明，男人们常常会将女性出于友好而表露出来的言行和微笑误认为她们对自己感兴趣的标志。之所以会出现这样的情况，原因就在于与女性相比，男性更倾向于从性的角度

第十章 身体语言，男女有别——两性中的身体语言

来观察世界。之所以会产生这样的结果，就是因为男人体内的性激素的含量约为女性的10至20倍。知道了这一点后，我们也就能够明白为何男人们总是习惯性地把所有事情都和性联系在一起。

与女性的示爱行为相比，男性求爱的方式实在过于单调。大部分的女性会用自己性感的装束以及精致的妆容展现自己最美好的一面，做到这些基本的体态语之后，同时还会做出各种各样充满暧昧气息的肢体动作，比如一个富有情意的眼神，时不时地理自己的头发等。

当女人们遇到有可能成为自己伴侣的对象时，她们会透过微妙的肢体语言信号向对方示意。不过，这些信号不仅隐秘，而且往往都带有欺骗性，女人们也正是通过这样的信号来探知对方是否值得进一步的交往。通常，在与异性见面的最初几分钟里，如果一个女性对一个男性有好感，她就会利用自己的肢体信号对那个男性展开大规模的攻势，让他按照自己的意愿去行动。不过，有时候这样的掌控能力也会成为男性读懂女性心理的障碍，胆小的男人会被如此多的信号弄得迷惑不解，有可能就会选择放弃。

总之，女性的示爱动作是丰富的；与此相反的是，男性示爱时能做的除了让自己汽车的引擎轰轰作响，或者在自己的收入方面大声吹牛之外，最多再加上向其他男性挑衅以显示自己的勇气和实力，剩下的可能就再无其它妙计可施。从本质上

来说，男性的示爱动作和姿势其实就是一个展示其权利、财富和身份的过程。

因此，在这一问题上，大多数男性的行为就好像是站在河边抓鱼一样，他们满脑子里想的只是怎样速战速决，根本不会像女性一样多花心思。他们大都会抓起一支矛，然后直接扎进鱼的脑袋，并以最快的速度结束捕猎的活动。相比之下，女人的捕鱼方法和技巧就显得高明多了，所以她们总是能在男人们无比羡慕的目光下满载而归。

此外，还有一个有趣的结论。从表面上看起来，在两性关系当中，首先采取行动的大都为男性。事实上，90%的情况下，率先向异性发出挑逗信号的大都为女性，只不过由于她们的动作或行为较为隐晦，不易为人所察觉，所以男人们才会认为自己是主动的一方。

通常，当女人发现了心仪的男性之后，她就会通过眼睛、身体或面部表情不断地向他发送一些旁人不易察觉的示爱信号，直到她认为对方已经注意到了她和她发出的示爱信号，同时也做出了某种回应。可见，决定权大都掌握在女人手中；而男人能做的只有不断地"搔首弄姿"，以此博取对方的好感。

结语　破译身体语言，掌控人生局势

在漫长的人生岁月中，我们总免不了会遇到种种料想不到的事。而人生变故的发生，并不完全是由于外部环境的变迁，更多时候也与自己被动的人际交往方式有着直接关系。

美国著名人际行为学家乔治·沃尔夫在他的《人的多面性》一书中写道："你周围的人，是一个复杂的组合群体。他们既是你必不可少的生活伙伴，又是你需要留心的对手。只有靠自己的眼力和心力，才能'解剖'其所言、其所想、其所行，否则，即使你的防护盾牌再坚固，也会被人射穿。"

在自然界，为了生存与繁衍，每一种动物都有伪装自己的方式；同样，在人类社会，每一个人也都有自己的伪装面具。如果不能读懂他人的真实想法，你就会在现代社会竞争和人际交往中处于被动局面，即使你学富五车、才高八斗也会无能为力，身陷社交困局而举步维艰。

怎样才能看出他人面具后面的真实意图？怎样才能了解他们的内心世界并掌控他们的思维动态？请停止忧虑！《身体语言密码》通过对身体语言的解读和运用，将为你指出一条识人、阅人的金光大道。

相信通过细心参阅本书，您将能培养出非同一般的洞察力，能够更加深入地认识和学习自己与他人的沟通和交流技巧，从而能够更加彻底地了解他人，并由此更加透彻地认识自我，最终获得一种比他人更具优势的生存技巧，进而在生活和事业上取得更大的成功。

一言以蔽之，学习身体语言密码，灵活掌握身体语言的技巧，将会使您与他人的每一次相逢，都演绎成为一段刺激有趣的、获益匪浅的别样经历。